#《卓越华中大》

编委会

主　　编： 许晓东

副主编： 钱　思　　黄坤华

参　　编： 刘婧婧　　朱　平　　陈孟秋

1952-2022
华中科技大学 70周年校庆
70th ANNIVERSARY

华中科技大学70周年校庆丛书

卓越华中大

◎主编 许晓东

華中科技大學出版社
http://www.hustp.com
中国·武汉

图书在版编目（CIP）数据

卓越华中大/许晓东主编. —武汉：华中科技大学出版社，2022.9
（华中科技大学70周年校庆丛书）
ISBN 978-7-5680-8740-7

Ⅰ.①卓… Ⅱ.①许… Ⅲ.①院士-事迹-世界-现代 Ⅳ.①K816.1

中国版本图书馆CIP数据核字（2022）第163705号

卓越华中大 许晓东 主编
Zhuoyue Huazhongda

策划编辑：杨　静
责任编辑：曹　霞
封面设计：刘　卉
版式设计：赵慧萍
责任校对：刘　竣
责任监印：朱　玢
出版发行：华中科技大学出版社（中国·武汉） 电话：（027）81321913
武汉市东湖新技术开发区华工科技园 邮编：430223
录　　排：华中科技大学出版社美编室
印　　刷：中华商务联合印刷（广东）有限公司
开　　本：710mm×1000mm 1/16
印　　张：13.5 插页：2
字　　数：200千字
版　　次：2022年9月第1版第1次印刷
定　　价：68.00元

前言

PREFACE

2022 年 10 月，华中科技大学将喜迎建校七十周年华诞。七十年来，华中大栉风沐雨，春华秋实。七十年来，华中大薪火相传，砥砺前行。七十年来，华中大牢记为党育人、为国育才的初心使命，坚持党旗领航，践行立德树人，努力办人民满意的教育。七十年来，华中大顶天立地、追求卓越，汇聚了一批潜心科学研究、致力教书育人的学者，培养了一批政界精英、学术大师、产业巨擘、体育健将，先后为国家输送各类人才七十余万人。

七十周年校庆之际，学校校庆丛书编审委员会组织编写了《卓越华中大》，收录了百余名在学校学习、工作过的两院院士、学部委员、一级教授、海外院士及知名学者代表（按照姓氏首字母排序）。他们秉承华中大敢为人先、追求卓越的优良传统，坚持与国家同身、与人民共济，在高等教育、科学研究等领域深耕厚植，为人类文明进步和经济社会发展作出了卓越贡献。谨以本书向各位校友致以崇高的敬意！

由于部分资料历史久远，汇编材料时间仓促，且编者水平有限，难免有所疏漏，恳请读者批评指正。

目录

CONTENTS

贝时璋学部委员简介

贝时璋（1903—2009），男，浙江镇海人，生物学家，中国生物物理学的奠基人。1919—1921年就读于同济医工专门学校医预科，1928年获德国图宾根大学自然科学博士学位。曾任中国科学院生物物理研究所研究员、名誉所长，浙江大学教授、生物系主任、理学院院长，中国科学院实验生物研究所、北京实验生物研究所、生物物理研究所所长，中国科学技术大学生物物理系主任，中国生物物理学会理事长、名誉理事长。

长期从事实验生物学研究工作，对生物的细胞常数、再生、性转变以及细胞的结构和分裂等做了研究，发表了一系列论著。20 世纪 30 年代初期，在丰年虫中间性的性转变过程中观察到细胞重建现象。20 世纪 70 年代，相继在丰年虫、鸡胚早期发育、小鼠造血系统（骨髓）、根瘤菌和沙眼衣原体等方面进行了细胞重建的研究，首次发现细胞的繁殖增生除细胞分裂之外，还存在着另外一条途径——细胞重建，创立了“细胞重建学说”。鉴于他长期从事实验细胞学研究取得的卓越成就，德国图宾根大学又于 1978 年、1988 年和 2003 年三次授予其博士学位。中国国家天文台将 1996 年发现的第 36015 号小行星命名为“贝时璋星”。

1955 年当选为中国科学院学部委员（院士）。

岑可法院士简介

岑可法，男，1935 年出生，广东南海人，工程热物理专家。1953—1956 年本科就读于华中工学院动力系。1962 年毕业于苏联莫斯科包曼高等工业大学，获副博士学位。浙江大学热能工程研究所所长，浙江大学可持续能源研究院学术委员会主任，垃圾焚烧技术与装备国家工程实验室技术委员会主任委员，霍英东基金荣誉顾问，“工程热物理”国家重点学科学术带头人。

在化石燃料的能源高效清洁利用、煤分级利用多联产、低品位能源的资源化能源化利用、制氢技术、能源利用过程中多种污染物协同脱除技术、工程气固多相反应流计算与激光诊断技术等领域均有开拓性成就。获国家自然科学二等奖 1 项、国家技术发明一等奖 1 项、国家发明二等奖 2 项、国家科学技术进步奖（创新团队）1 项、国家科学技术进步二等奖 5 项。在本科教学改革和研究生培养方面成果卓著，相继获得国家级教学成果二等奖 4 项，中国学位与研究生教育成果一等奖 1 项。此外，获授权国家发明专利 70 余项，发表论文数百篇，出版专著及教材 20 部，在国际会议上做大会特邀报告 10 次。曾先后获得全国先进科技工作者、五一劳动奖章、浙江省劳动模范、全国高等学校先进科技工作者等荣誉称号。获光华科技基金一等奖、香港柏宁顿（中国）教育基金会第二届孺子牛金球奖、何梁何利基金科学与技术进步奖、浙江省科学技术重大贡献奖、浙江省杰出创新人才奖等。

1995 年当选为中国工程院院士。

陈光院士简介

陈光，男，1962年出生，河北昌黎人，材料学家。1982年本科毕业于河北机电学院铸造工艺及设备专业，1989年硕士毕业于华中理工大学铸造专业，1999年博士毕业于西北工业大学材料科学与工程专业。南京理工大学学术委员会副主任、学科专业建设专门委员会主任，先进金属与金属间化合物材料技术工信部重点实验室主任、材料评价与设计教育部工程研究中心主任、金属纳米材料与技术联合实验室主任，材料科学与工程学院教授委员会主任、学术委员会主任等。

长期从事金属材料与加工科学技术研究。在轻质耐热金属间化合物、高温合金定向凝固、非晶复合、钢铁及加工的基础研究和工程应用方面，做出重要创新性贡献。提出全过程控制定向凝固学术思想，发现定向凝固存在特殊现象，提出定向固态相变晶体取向调控原理，发明了液-固与固-固相变协同控制的晶体生长方法，突破了传统定向凝固技术只控制液-固相变的局限性，有效控制了凝固后具有复杂固态相变材料的最终晶体取向，实现了强度、塑性和高温持久性能的优异结合与跨越提升。1996 年荣获河北省委组织部、省人事厅、省科协联合评定的河北省第三届青年科技奖，1997 年被评为河北省双十双百双千人才工程第二层次人选，并开始享受河北省教委中青年骨干教师津贴。荣获国家技术发明二等奖 1 项，教育部技术发明一等奖项 1 项，江苏省科学技术一等奖 3 项，中国产学研合作创新成果奖 1 项，省部级科学技术进步二等奖 4 项、三等奖 1 项，江苏省自然资源节约集约利用进步一等奖。出版专著、教材 4 部。

2021 年当选为中国科学院院士。

陈孝平院士简介

陈孝平，男，1953年出生，安徽阜南人，肝胆胰外科及器官移植领域专家。1979—1985年硕士、博士就读于同济医科大学外科学普外科。华中科技大学同济医学院名誉院长、外科学系主任、肝胆胰外科研究所所长。器官移植教育部重点实验室主任、国家卫生健康委员会器官移植重点实验室主任、中国医学科学院器官移植重点实验室主任。

在肝胆胰外科和器官移植领域做出了较系统的创新性成果：提出新的肝癌分类和大肝癌可安全切除的理论；建立控制肝切除出血技术3项和肝移植术式1项；提出小范围肝切除治疗肝门部胆管癌的理念，建立不缝合胆管前壁的胆肠吻合术和插入式胆肠吻合术；改进了胰十二指肠切除术操作步骤，创建陈氏胰肠缝合技术等。曾获得国家科学技术进步奖二等奖、国家级教学成果奖二等奖、教育部提名国家科学技术进步奖一等奖、中华医学科技奖一等奖、何梁何利基金科学与技术进步奖、中国抗癌协会科技奖一等奖、湖北省科技成果推广奖一等奖、湖北省科学技术进步奖一等奖各 1 项，并获得中国肝胆胰外科领域杰出成就金质奖章、湖北省科学技术突出贡献奖。先后被评为全国教学名师、全国卫生单位先进个人、卫生部有突出贡献的中青年专家，全国五一劳动奖章和全国医德标兵。

2015 年当选为中国科学院院士。

程时杰院士简介

程时杰，男，1945 年出生，湖北咸宁人，电力系统专家。1967 年毕业于西安交通大学，1978—1981 年硕士就读于华中工学院电力工程系，毕业后留校工作。1986 年获得加拿大 Calgary 大学博士学位，1988 年回华中理工大学工作。1991 年晋升为教授，1993 年获得博士生导师资格。曾先后工作于加拿大 Calgary 大学、德国慕尼黑工业大学和新加坡南洋理工大学等。现任湖北省电力安全与高效重点实验室主任，曾任华中科技大学学术委员会副主任、中国电机工程学会常务理事、中国电机工程学会咨询委员会主任、湖北省电工技术学会理事长、国务院学位委员会电气工程学科评议组成员。

长期从事电力系统及其自动化研究。在电力系统稳定控制方面，建立了一种有效的电力系统自适应控制机制和基于实时参数识别的自适应辅助励磁控制策略，有效提高了控制系统的鲁棒性和同步电机及其互联电力系统的稳定性，积极倡导并努力实践了基于储能原理的电力系统稳定控制研究。在电力系统次同步振荡方面，深入研究了大型汽轮发电机组机电耦合轴系扭振的理论和方法，成果已用于生产实际。获得国家科学技术进步二等奖 3 项，国家级教学成果二等奖 2 项，湖北省自然科学一等奖 1 项，教育部科学技术进步一等奖 1 项，湖北省科学技术进步一等奖 3 项、二等奖 2 项，国家教委科学技术进步三等奖 1 项。

2007 年当选为中国科学院院士。

崔崑院士简介

崔崑，男，1925 年出生，山东济南人，金属材料专家。1956 年华中工学院任教，1958 年赴苏联莫斯科钢铁学院进修，先后任华中工学院机械工程二系金属材料教研室主任、机械工程二系主任，国家发明奖励评审委员会冶金评审组委员，国家自然科学基金委员会学科评审组成员等职。

致力于高性能新型模具材料钢的合金化、夹杂物工程、高性能 Ti(C，N）基金属陶瓷、激光熔覆基础理论等多方面的研究，先后承担国家攻关、国家技术开发、国家自然科学基金等省部级以上课题 20 多项。创造性地研究和开发了一系列高性能新型模具钢，其性能达到了国际先进水平，创造经济效益超过 2 亿元，为发展我国新型钢种做出了贡献。这些高性能模具钢已被列入国家科委“八五”“九五”国家科技成果重点推广项目，其中有四种已列入国家工模具钢标准 GB1299—2014。他的研究成果共获得省、部委级以上奖励 15 项，其中科学大会奖 1 项，国家发明奖二、三、四等奖各 1 项（均为第一发明人），在国内外学术刊物上发表论文 250 余篇。他编著的《钢的成分、组织与性能（上下册）》2013 年由科学出版社出版，该书 2019 年再版发行（6 个分册）。曾荣获全国道德模范、全国优秀共产党员、五一劳动奖章、全国优秀教育工作者等荣誉称号。2013 年获中国机械工程学会热处理分会授予终身成就奖。

1997 年当选中国工程院院士。

丁汉院士简介

丁汉，男，1963 年出生，安徽枞阳人，机械电子工程专家。1985—1989 年博士就读于华中理工大学机械制造及自动化专业，1993 年受德国洪堡基金会资助赴德国斯图加特大学进行客座研究，1997 年获国家杰出青年基金资助，2001 年受聘为上海交通大学长江学者特聘教授，2005 年和 2011 年两任国家“973 计划”首席科学家。现任华中科技大学校学术委员会主任、国家数字化设计与制造创新中心主任、国家自然科学基金重大研究计划“共融机器人的基础理论与关键技术研究”指导专家组组长。

长期从事机器人与数字制造理论与技术研究，将机器人学和制造技术相结合：在工业机器人领域，建立了机器人运动和操作规划理论和方法，突破了机器人离线编程与作业系统关键技术，在汽车制造行业得到持续应用；建立了复杂曲面宽行加工理论，揭示了刀具“空间运动-包络成形-加工误差”间的微分传递规律，提出了高速加工稳定性分析的全离散法，突破了叶轮叶片数字化智能化加工技术瓶颈，研制了自主知识产权的工艺软件 TurboWorks，形成了叶盘叶片高效高精加工成套工艺解决方案，在中国航发多家企业得到成功应用；研制了大叶片机器人“测量-操作-加工”一体化（3M）磨抛系统，在中国中车、中航工业得到重要应用，取得显著的经济效益。出版学术专著 4 部，发表 SCI 刊物论文 230 余篇。获国家自然科学二等奖 1 项，国家教学成果一等奖 1 项，国家科学技术进步二等奖 2 项、三等奖 1 项。

2013 年当选为中国科学院院士。

丁烈云院士简介

丁烈云，男，1955 年出生，湖北洪湖人，土木与建筑工程管理专家。1982 年本科毕业于武汉工业大学，2002 年博士毕业于同济大学。1988 年 4 月起在武汉城市建设学院工作，1999 年任武汉城市建设学院党委书记兼院长，2001 年任华中科技大学副校长，2003 年任华中师范大学党委书记，2011 年任东北大学校长，2014 年任华中科技大学校长。兼任国务院学位委员会委员、国家自然科学基金委管理科学部主任、教育部高等学校工程管理和工程造价专业教学指导委员会主任、湖北省科学技术协会第九届全省委员会副主席、第十二届全国政协委员、第十三届全国人大代表。

长期从事数字建造、工程安全理论与技术研究。构建了数字建造理论和技术框架体系，提出工程安全风险“能量-耦合”理论，创建地铁工程安全风险“识、警、控”技术体系，研发数字轨道交通工程集成建设关键技术，构建工程质量精益控制模型、标准和平台。研究成果广泛应用于地铁、高铁、桥梁、石化等重大工程，为提升工程安全和质量管理水平做出了重要贡献。主持完成的中国工程院重大咨询研究项目“中国建造2035战略”等成果纳入国家“十四五”规划和行业发展规划文件，为促进建筑业转型升级起到引领作用。作为第一完成人获国家科学技术进步二等奖2项，多项省部级科学技术进步一等奖，获2018年复旦管理学杰出贡献奖。主编《数字建造》丛书获第五届中国政府出版奖图书奖，主编《房地产开发（第四版）》，获首届全国优秀教材二等奖。

2015年当选为中国工程院院士。

段正澄院士简介

段正澄（1934—2020），男，江苏镇江人，机械制造与自动化（加工技术和装备）专家。1953—1957 年本科就读于华中工学院机械系金属切削机床与工具专业，毕业后留校工作。曾任机械系助教、讲师、副教授、教授、博士生导师，教研室副主任、主任、制造自动化研究所所长。

长期从事机械制造与自动化学科的教学与科研工作，致力于国家重要需求的自动化、数字化加工技术与装备的应用基础研究和工程技术研发。先后获得全国科学大会奖 2 项，国家科学技术进步一等奖 1 项、二等奖 3 项，省部级科学技术进步特等奖 1 项、一等奖 7 项、二等奖 4 项，2011

年获湖北省科学技术突出贡献奖，发表论文200余篇。先后被评为全国优秀教师、湖北省劳动模范、湖北省先进教育工作者和湖北省先进科技工作者。他所领导的教学与科研团队1993年被评为全国先进集体，并获得五一劳动奖状。

2009年当选为中国工程院院士。

樊明武院士简介

樊明武，男，1943 年出生，湖北沙市人，回旋加速器专家、磁铁理论与工程专家。1961—1965 年本科就读于华中工学院电机制造系。1996 年任中国原子能科学研究院院长，2001 年任华中科技大学校长。先后担任第八届、第九届国际电磁场计算会议国际指导委员会委员，国际电磁场计算学会理事，国际电磁场计算会议中国联络办公室主任、委员，中国电工技术学会理论电工专委会委员、副主任，计算机应用专委会委员，中国粒子加速器学会理事长，正负粒子对撞机国家实验室学术委员会委员，兰州重粒子加速器国家实验室学术委员会委员，国务院学位委员会委员，湖北省科协主席，中国科协常委等。中共十五大代表，第十届全国人大代表。

在磁铁理论与工程领域，基于有限元方法开发了通用二维电磁场计算软件包 DE2D，三维磁场计算软件包 DE3D。在积分方程法中合理处理奇点和开域，提高了计算精度，解决了大量科研设备及工程难题。发展了回旋加速器理论和主体技术，研制 30MeV 强流质子回旋加速器，解决了关键设备技术问题，达到当时国际先进水平，磁场计算结果有偿转让国外。该加速器被评选为 1996 年全国十大科技事件之一，结束了我国不能用加速器批量生产中短寿命放射性同位素的局面，标志着我国回旋加速器的研制能力达到一个新水平。获国家级科学技术进步奖 2 次，省部级科学技术进步奖 11 次，2020 年获核工业功勋奖章。发表论文 100 余篇，专著 4 部。

1999 年当选为中国工程院院士。

方复全院士简介

方复全，男，1964 年出生，安徽桐城人，数学家。1982—1986 年本科就读于华中工学院应用数学系，1991 年博士毕业于吉林大学。2021 年任首都师范大学校长。第十三届全国人大代表，第十一届、十二届、十三届北京市政协委员。现任教育部奖励委员会委员、教育部科学技术委员会数理学部副主任。

主要从事微分几何与微分拓扑学的研究。在微分与拓扑范畴彻底解决了“四维流形到七维欧氏空间中的嵌入问题”，将 Haefliger-Hirsch、吴文俊等人的工作中遗留下来多年悬而未决的重要公开问题画上句号。与人合作，证明了正曲率流形的 $\pi 2$ 有限性定理（同时独立得到的还有 Petrunin-Tuschmann），被美国科学院院士 Cheeger 主编的权威综述报告列为有关领域有史以来九个主要定理之一，并被著名几何学家 Berger 写入历史性综述报告《二十世纪下半叶的黎曼几何》。与人合作，首次发现了 Grove 问题的反例，被国外权威专家作为牛津大学研究生教材丛书的重要内容，并以“方-戎方法”冠名小节标题。与人合作，首次建立了 Tits 几何与一大类正曲率流形之间的联系，并得到了完整的拓扑分类。曾独立获得国家自然科学二等奖，在第二十七届国际数学家大会上做 45 分钟特邀报告。

2017 年当选为中国科学院院士，2018 年当选为发展中国家科学院院士。

方秦汉院士简介

方秦汉（1925—2014），男，浙江黄岩人，桥梁工程专家。1950 年本科毕业于清华大学土木工程系，1954—1958 年，先后任湘江大桥、乌江大桥设计负责人，重庆白沙陀长江大桥工程副总工程师，1958—2004 年，主持南京长江大桥、九江长江大桥、芜湖长江大桥等国家重点大桥钢梁设计工作并担任科研负责人。历任中铁大桥工程局、中铁大桥勘测设计院高级工程师（教授级），2000 年任华中科技大学土木工程与力学学院名誉院长。

长期从事桥梁工程研究。开发应用了新钢材，大跨度厚板栓焊梁、结合桁梁等新结构及移动式双层吊索、双铰合龙法等新工艺。先后主持南京、九江、芜湖等长江大桥的钢梁设计和科研、推广、研发，其设计建成的桥梁均达同期国际先进水平，为实现铁路桥梁的“高强、大跨、轻型、整体”的发展目标做出杰出贡献。作为主要完成人先后获国家科学技术进步奖5项，部级科学技术进步奖6项。获授权发明专利3项，发表学术论文30余篇，主编了《桥梁钢结构设计规范》。

1997年当选为中国工程院院士。

方忠院士简介

方忠，男，1970年出生，湖北武汉人，凝聚态物理学家。1987—1991年本科就读于华中理工大学物理系，1991—1996年博士就读于华中理工大学激光国家重点实验室。1996—2003年访问日本工业技术研究院（筑波）、美国橡树岭国家实验室。2003年回国在中国科学院物理研究所工作，2012—2017年担任中国科学院物理研究所副所长，2017年担任北京凝聚态物理国家研究中心主任，2017年6月担任中国科学院物理研究所所长。

主要从事凝聚态物质中新奇量子现象的计算与理论研究。利用大规模并行计算机，通过计算和模拟的手段来探索微观系统的物理规律，研究新奇量子现象，预测新型量子材料。通过发展特色的电子结构计算方法，在自旋-轨道物理，特别是拓扑电子态理论和计算方面做出了重要工作。计算预言了若干重要的拓扑量子效应和量子材料，并被实验证实。曾获国际理论物理中心 ICTP 奖、全球华人物理学会亚洲成就奖、国家自然科学一等奖、中国科学院杰出科技成就奖、求是杰出科技成就集体奖、周培源物理奖、周光召基础科学奖等。共发表 SCI 论文 200 余篇，他引 3 万余次。

2019 年当选为中国科学院院士。

高宗余院士简介

高宗余，男，1964 年出生，江苏南京人，桥梁工程专家。1985 年本科毕业于西南交通大学，2004—2007 年博士就读于华中科技大学。现任中铁大桥勘测设计院集团有限公司总工程师、第十三届全国政协委员。

长期从事大型桥梁的设计、施工技术研究。系统构建了高铁大跨桥梁建造成套技术，创新发展了千米级三塔悬索桥结构新体系，研发了复杂环境下跨海桥梁建造系列技术，主持设计了沪苏通长江公路大桥、武汉鹦鹉洲长江大桥、平潭海峡大桥等多座特大型桥梁工程，在高速铁路大跨度桥梁、多塔缆索承重桥梁、长大跨海桥梁研究设计方面做出突出贡献。作为第一完成人获国家科学技术进步特等奖 1 项、一等奖 1 项，全国工程设计金、银奖各 1 项。主参编国家和行业标准 3 项，出版学术专著 2 部，获授权发明专利 23 项。荣获全国工程勘察设计大师、新世纪百千万人才、全国劳动模范、全国杰出专业技术人才、全国创新争先奖章等荣誉。

2021 年当选为中国工程院院士。

郭剑波院士简介

郭剑波，男，1960 年出生，湖北武汉人，电力系统分析与控制专家。1978—1982 年本科就读于华中工学院电力系统及其自动化专业，1984 年硕士毕业于电力科学研究院。现任中国电力科学研究院教授级高级工程师。曾任中国电力科学研究院院长、党组副书记，电网安全与节能国家重点实验室主任。

长期从事电力系统分析与控制研究，在电网规划、提高电网安全稳定水平和输电能力及风电并网安全等方面成绩显著。先后参加了三峡输电等电网规划研究，主持了 20 世纪 90 年代开展的全国互联电网（2020—

2050 年）规划系列研究；主持研制了具有自主知识产权的可控串补装置和特高压串补装置，带领团队开发了跨大区交直流协调控制系统，提高了电网安全稳定水平和输电能力；组织建成了“国家能源大型风电并网系统研发（实验）中心”，为行业提供了公共研发实验平台，提高了风电并网安全水平。获国家科学技术进步一等奖 1 项、二等奖 1 项，何梁何利基金科学与技术进步奖。

2013 年当选为中国工程院院士。

郭孔辉院士简介

郭孔辉，男，1935年出生，福建福州人，汽车设计研究专家。1955年就读于华中工学院拖拉机系，1956年本科毕业于吉林工业大学。吉林大学教授，汽车工程学院名誉院长。曾任“一汽”汽车研究所总工程师、吉林工业大学副校长，兼任国务院学科评议组成员、中国科学技术协会常委、中国汽车工程学会副理事长、教育部学科发展与专业设置专家委员会副主任委员、中国机械工程学会特邀理事、吉林省暨长春市汽车工程学会副理事长、吉林省暨长春市科协副主席、吉林省工程咨询专家委员会名誉主任、国际交通与安全科学协会专家顾问、《国际车辆动力学》编委。

长期从事汽车系统动力学及其相关领域研究，先后主持完成多项我国汽车行业的基础性科研项目和“一汽”新型汽车的开发研制工作。被汽车界誉为“将系统动力学与随机振动理论引入汽车振动与载荷研究的领先学者”，我国汽车轮胎力学的主要奠基人，汽车操纵稳定性、平顺性科技领域的主要开拓者和带头人。获国家及部级科学技术进步奖 7 项，在国内外期刊等发表论文 250 余篇，获全国汽车行业优秀科技人才、中汽公司劳动模范及有突出贡献专家、全国五一劳动奖章、全国归侨先进个人、中国汽车工程学会首批特聘专家、中国汽车工业 50 周年 50 位杰出人物之一等奖项及荣誉称号。

1994 年当选为中国工程院院士。

侯云德院士简介

侯云德，男，1929年出生，江苏常州人，医学病毒学专家。1948—1955年本科就读于同济大学医学院，1958—1962年就读于苏联医学科学院病毒学研究所，同时获得副博士和医学博士学位。博士毕业回国后，一直在中国医学科学院和中国预防医学科学院病毒学研究所从事病毒研究工作，曾任中国工程院副院长。

侯云德从事医学病毒学研究长达半个多世纪，在分子病毒学、基因工程干扰素等基因药物的研究和开发，以及新发传染病控制等方面具有突出建树，为我国医学分子病毒学、基因工程学科和生物技术的产业化，以及传染病控制方面做出了重要贡献。2009年新型H1N1流感大流行期间，作为联防联控机制专家委员会主任，与全国著名科学家一起，举国体制，协同创新，在人类历史上首次对流感大流行的人为干预获得成功，并获得国际公认。在国内外共发表论文400余篇，主要著作9部。2017年获国家最高科学技术奖，曾荣获国家科学技术进步一等奖2项、二等奖7项，国家自然科学二等奖2项，国家发明三等奖1项，原卫生部科技成果一等奖10项。获国家新药证书7个。曾获何梁何利基金科学与技术进步奖、中国医学科学奖。

1994年当选中国工程院院士。

胡盛寿院士简介

胡盛寿，男，1957 年出生，湖北武汉人，心血管外科学专家。1982 年本科就读于武汉医学院医疗系，1989 年硕士毕业于中国协和医科大学（现北京协和医学院）。曾任中华医学会胸心血管外科分会主任委员、亚洲胸心血管外科医师学会轮值主席，现任国家心血管病中心主任、中国医学科学院阜外医院院长、心血管疾病国家重点实验室主任、国家心血管疾病临床医学研究中心主任，美国心脏病学会会员、美国胸外科协会会员、法国医学科学院外籍院士。

长期从事心血管外科临床、教育、科研工作，建立了我国冠心病外科微创系列治疗技术，开拓了“复合技术”治疗心血管疾病的新模式；创建我国首个心血管再生医学重点实验室，取得了从心肌细胞再生到心脏移植和人工心脏研制的系列研究成果；创立了主动脉-肺动脉“双根部调转手术（DRT）”，显著提高了我国复杂先心病治疗方面在国际上的影响力。先后承担了国家“973 项目”“863 项目”“支撑计划项目”等研究课题，获国家科学技术进步二等奖 3 项，省部级科学技术进步一等奖 3 项、二等奖 5 项；作为第一作者或通讯作者发表论文 247 篇，其中 SCI 收录论著 104 篇。

2013 年当选为中国工程院院士。

黄维和院士简介

黄维和，男，1957年出生，江西清江人，油气储运工程专家。1982年毕业于华东石油学院油气储运专业，1996年获华中理工大学管理工程与科学硕士学位，2005年获石油大学（北京）储运专业博士学位。现任中国石油学会石油储运专业委员会主任、全国天然气标准化技术委员会主任，博士生导师。曾任中国石油天然气股份有限公司副总裁。

长期从事油气储运工程研究。主持西气东输等我国多条重大管道关键技术攻关和工程建设管理，构建管道工程协同创新模式，解决大口径、高压、高强钢输气管道断裂控制和易凝高粘原油输送等难题；创立我国大型油气管网基于信息化安全管理系统，全面提升油气管网运营水平；主持科技部国家重点研发项目“油气长输管道及储运设施检验评价与安全保障技术”。获国家科学技术进步一等奖 2 项，省部级科学技术进步特等奖和一等奖各 1 项。

2013 年当选为中国工程院院士。

李德群院士简介

李德群（1945—2022），男，江苏泰州人，我国著名材料成形专家。1968 年本科毕业于清华大学，1978—1981 年硕士就读于华中工学院，毕业后留校任教，1991 年晋升教授并被国务院学位委员会评为博士生导师。先后担任华中科技大学材料科学与工程学院院长、国务院学位委员会材料学科评议组成员、国际先进成型技术学会创会监事、中国模具工业协会特邀顾问、中国塑料工程学会塑料机械及模具分会副理事长等。

长期致力于材料成形数字化与智能化研究，研发出冲压和塑料模 CAD/CAM 系统，填补了国内空白；率先在我国开展塑料注射成形模拟研究，创建的成形模拟表面模型成为国际主流技术，产生了重要的国际影响；研制注射成形智能装备，引领了成形装备智能化的发展方向。先后获国家科学技术进步二等奖 3 项、国家自然科学二等奖 1 项、国际先进成型技术学会终身成就奖、湖北省首届杰出人才奖。主持国家级教学团队和国家精品课程，带领团队获评全国高校黄大年式教师团队，出版专著、教材 21 部。

2015 年当选为中国工程院院士。

李培根院士简介

李培根，男，1948 年出生，湖北武汉人，机械制造及自动化专家。1977 年本科毕业于上海纺织工学院，1978—1981 年硕士就读于华中工学院机械制造专业，毕业后留校工作。1987 年博士毕业于美国威斯康星大学麦迪逊分校。1995 年任华中科技大学机械学院院长，2002 年 8 月任华中科技大学副校长，2005 年 3 月任华中科技大学校长。国家 863 计划/CIMS 专家组成员，国家 863 计划/机器人专家组副组长，国家 863 计划自动化领域专家委员会成员。目前还担任中国机械工程学会理事长、中国高等教育学会副会长、国家 863 计划专家委员会成员、教育部高等学校机械学科教学指导委员会主任委员。

长期从事机械制造及其自动化领域的教学科研工作，是我国制造业信息化方面的知名专家。主持研发的CAPP（计算机辅助工艺规划）系统经与企业合作，已形成国内具有自主版权的CAPP主导产品。排名第一获得国家教学成果奖二等奖2项，国家科学技术进步二等奖、中国高校科技进步一等奖和教育部自然科学一等奖各1项。主持国家级项目17项，发表科技论文百余篇，出版专著3部。

2003年当选为中国工程院院士。

李元元院士简介

李元元，男，1958 年出生，广东梅县人，粉末冶金和铸造专家。1982 年本科毕业于湖南大学，硕士和博士分别于 1987 年和 1998 年毕业于华南理工大学。1993 年 12 月破格晋升教授。2005 年被英国格拉摩根大学授予名誉科学博士学位，2013 年被俄罗斯托木斯克理工大学聘为名誉教授，2015 年被韩国汉阳大学聘为名誉教授，2015 年被俄罗斯军事科学院聘为名誉院士，2017 年被乌克兰国家科学院授予名誉博士学位，2021 年当选乌克兰国家科学院外籍院士。1998 年任华南理工大学副校长，1999 年 3 月兼任华南理工大学党委副书记，2003 年任华南理工大学校长，

2011年9月任吉林大学校长，2018年任华中科技大学校长，2021年10月任华中科技大学党委书记。兼任中国材料研究学会第八届理事会理事长，中国科协第十届全国委员会常务委员会委员，中国高等教育学会副会长。曾任第九届和第十二届全国人大代表。

长期从事粉末冶金和有色合金材料制备、成形理论与技术的应用基础和工程化研究。发展和创新了粉末冶金温压成形理论和技术、电磁热力多场作用下粉末成形固结一体化理论和技术，研制出多种高性能粉末冶金新材料和重要零件；研发出高性能铝青铜合金、白铜合金、锌合金、挤压铸造铝合金、变形铝合金及其制备成形技术等；成果应用于我国制造业中，解决了相关的技术瓶颈问题，取得了显著的经济社会效益。作为第一完成人获国家科学技术进步二等奖2项、省部级科学技术进步一等奖3项。获授权发明专利103项、软件著作权3项。发表科研学术论文被SCI收录186篇、EI收录283篇，各类他引2664次；出版专著2部，主编著作1部、教材1部。获国家级教学成果一等奖1项（第二完成人）、二等奖2项（均为第一完成人）。

2013年当选为中国工程院院士。

梁伯强学部委员简介

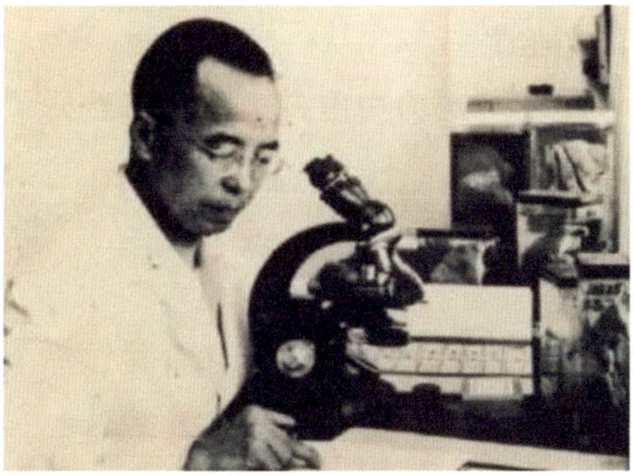

梁伯强（1899—1968），男，广东梅县人，医学教育家、病理学家，中国病理学奠基人之一。1916—1922 年就读于同济医工专门学校，随后赴德国留学，1925 年博士毕业于德国慕尼黑医科大学，回国后任同济医工大学副教授。1932 年受聘为国立中山大学医学院教授兼病理学研究所所长，新中国成立后，先后担任过华西医学院、中山医学院教授及副院长。曾担任原卫生部科学委员会常委，中华医学会理事，中华病理学会副理事长，中华医学会广东分会副理事长，中山医学院肿瘤研究所所长，第一、二、三届全国人大代表。

梁伯强毕生从事病理学研究工作。确立了严谨的尸体解剖制度，建成完备的病理学教研机构，对当时尚不清楚致病机理的肝硬化、鼻咽癌等病症提出了准确的论断，发表了《有关坏死后性肝硬化的问题》等著名论著，创制的病理学管理制度、尸解程序和记录规范以及编写的《病理学实验室手册》《病理组织学标本制作技术》等工具书至今仍在全国许多医学院校中广泛沿用。梁伯强培养了数百名优秀的病理学人才，是中国病理学研究的先驱之一。

1955 年当选为中国科学院学部委员（院士）。

刘广润院士简介

刘广润（1929—2007），男，天津宝坻人，工程地质专家。1952 年毕业于南京矿专地质专业，1954 年任地质部工程地质处黄河中游地质队队长，1955 年赴苏联水电科学院列宁格勒分院学习深造，1957 年任地质部三峡工程地质大队工程师，1977 年调任到湖北省地矿局工作，1999 年任华中理工大学教授。

长期从事以三峡工程为主的工程地质、环境地质工作。是 20 世纪五、六十年代长江三峡工程地质勘查的技术负责人，三斗坪坝址的主要推荐者；八、九十年代任三峡工程科技攻关“长江三峡工程重大地质与地震问题研究”课题专家组长。指导完成坝区地壳稳定性、水库岸坡稳定性、水库诱发地震等专题研究，为三峡工程决策和优化设计提供了科学依据；在支援三线建设中，负责完成了成昆、襄渝两条铁路地质复杂路段的地质勘查；对长江沿岸的新滩滑坡做出过准确的中期预报和滑坡后通航安全判断，并指挥、指导完成了三峡库区及全国数百处崩塌、滑坡、泥石流、岩溶塌陷等地质灾害的防治工作。在工程地质及环境地质方面有丰富的实践经验和独到的理论建树，曾获有重大贡献的地质工作者称号和李四光地质科学奖。

1999 年当选为中国工程院院士。

刘吉臻院士简介

刘吉臻，男，1951 年出生，山西岚县人，发电厂自动化技术专家。1976 年本科毕业于河北电力学院，1982 年硕士毕业于华北电力学院，2002—2007 年博士就读于华中科技大学教育学专业。曾任华北电力大学校长、第十二届全国政协委员，现任华北电力大学人工智能学院名誉院长。兼任新能源电力系统国家重点实验室主任、国家基础研究发展计划（“973 计划”）首席科学家、中国电机工程学会副理事长、中国动力工程学会副理事长、英国工程技术学会会士（IET Fellow）。

长期致力于发电厂自动化技术研究，带领团队攻克了行业发展面临的多项关键技术难题，取得了具有开创性、系统性的研究成果。2004 年研发成功我国第一套火电厂厂级监控信息系统；2011 年主持研发成功我国最大容量 1000 MW 超超临界机组自动化成套控制系统；2013 年研发成功世界首台 600 MW 超临界循环流化床机组自动化控制系统。针对我国当前大规模新能源电力消纳面临的难题，主持国家“973 计划”项目，开展燃煤发电与可再生能源协同利用理论与技术研究。创建了“新能源电力系统”国家重点实验室。获国家科学技术进步二等奖 2 项（第一完成人）、省部级科学技术进步奖 4 项。出版学术著作 5 部，授权发明专利 17 项，发表 SCI 论文 32 篇，EI 论文 118 篇。培养了博士研究生 36 名，硕士研究生 68 名。

2015 年当选为中国工程院院士。

刘买利院士简介

刘买利，男，1958年出生，陕西蓝田人，分析化学家。1982年毕业于西北大学化学系分析化学专业，获理学学士学位；1996年9月获英国伦敦大学Birkbeck学院理学博士学位。中国科学院精密测量科学与技术创新研究院（原武汉物理与数学研究所）研究员，2019年任武汉光电国家研究中心教授、副主任。现任国家大型科学仪器中心——武汉磁共振中心主任，国家自然科学基金委员会化学科学部专家咨询委员会委员。曾任波谱与原子分子物理国家重点实验室主任，中国科学院武汉物理与数学研究所所长。

主要从事核磁共振（NMR）波谱分析化学研究。围绕生物 NMR 分析前沿领域中的关键科学问题开展了深入研究，取得了一系列创造性成果。创建了高效抑制水峰的方法——水门 W5，为生物 NMR 研究提供了“最好的单一技术”和“标准方法”，突破了长期困扰人们的技术壁垒，拓展了 NMR 在分子水平上研究的深度和广度；提出了“分离谱峰，不分离样品”的策略，建立了较为完善的重叠 NMR 谱系综分离方法，从源头上开创了新思路，为推动复杂生物样品的 NMR 研究做出了突出贡献，为医疗诊断的精准测量提供保证；在复杂体系生物分子功能以及与药物相互作用的化学本质的研究中，阐明了反应机制，建立了新的检测方法，取得多项“重要发现”，推动了活细胞 NMR 的发展；积极倡导并践行谱仪技术研究和技术服务，研制新仪器并开拓应用范围，为学科发展做出了重要贡献。1997 年入选中国科学院“百人计划”，1999 年获国家杰出青年科学基金，曾任国家创新群体负责人和科技部蛋白质科学项目首席科学家。1998 年获得王天眷波谱学奖；2003 年获得湖北省科学技术进步二等奖；2006 年获得湖北省自然科学一等奖；2008 年获得湖北省科学技术进步二等奖；2018 年获得湖北省技术发明一等奖；2021 年获得全国五一劳动奖章。

2021 年当选为中国科学院院士。

陆道培院士简介

陆道培，男，1931 年出生，浙江宁波人，血液病专家。1949—1955 年本科就读于同济大学医学院，1980 年赴英国皇家医师进修学院哈默史密斯医院进修，1986 年赴美国哈佛大学医学院和布里格姆妇女医院专修白血病和骨髓移植。曾任北京医科大学血液病研究所所长、北京大学人民医院内科主任、北京大学血液病国家重点学科带头人（首席专家）。曾任原卫生部第一届血液质量委员会主任，中华医学会副会长、常务理事等。

陆道培是我国造血干细胞移植的奠基人与不断推动者，包括 HLA 半相同移植，促进了造血干细胞移植事业在我国的迅速发展。首先证明硫化砷类药物对急性早幼粒细胞白血病有卓效；在国际上进行了首例异基因骨髓移植治愈无丙种球蛋白血症。发表文章 420 余篇/部论著，包括主编《白血病治疗学》等 4 部专著，参与编写 19 部著作。2002 年当选亚洲血液学会（AHA）副主席，并被国际血液学会（ISH）推举为第 11 届国际血液学会（ISH-APD）2007 年大会主席。曾荣获国家科学技术进步二等奖、中华医学会科学技术进步二等奖、北京市科学技术进步一等奖等多项重大奖励，还曾荣获何梁何利基金科学与技术成就奖和陈嘉庚科学奖，荣获国际血液和骨髓移植研究中心（CIBMTR）授予的 2016 年杰出服务与贡献奖。

1996 年当选为中国工程院院士。

罗俊院士简介

罗俊，男，1956年出生，湖北仙桃人，引力物理学家。1978—1982年本科就读于华中工学院物理化学系，1982—1985年硕士就读于华中工学院物理化学系，1999年博士毕业于中国科学院测量与地球物理研究所。2010年7月任华中科技大学党委常委、副校长，2013年7月任华中科技大学党委常委、常务副校长，2015年1月任中山大学校长。第十二届和第十三届全国人大代表。

长期从事引力实验的精密测量物理研究，开展了牛顿万有引力常数G的精确测量，实验结果被国际科技数据委员会（CODATA）基本物理常数任务组收录；开展了光子静止质量的实验检验，实验结果被国际物理粒子数据组（PDG）收录；开展了亚毫米范围牛顿反平方定律的实验检验，实验结果得到国际同行认可；与他人合作开展了宏观旋转物体等效原理的实验检验等基础科学研究。

2009 年当选为中国科学院院士。

罗锡文院士简介

罗锡文，男，1945 年出生，湖南株洲人，农业机械化工程专家。1966—1970 年本科就读于华中工学院无线电技术专业，1982 年硕士毕业于华南农学院农业机械化专业，并留校在农业工程系任教；1987—1988 年在美国弗吉尼亚理工大学和州立大学进修；1988—1989 年在美国肯塔基大学进修。1992—1996 年担任华南农业大学农业工程系主任、工程学院院长；1996—2006 年担任华南农业大学副校长。现任华南农业大学教授、南方农业机械与装备关键技术教育部重点实验室主任，兼任中国农业机械学会理事长和中国农业工程学会名誉理事长。

长期从事水稻生产机械化和农业机械与装备机电一体化技术研究。首创同步开沟起垄施肥水稻精量穴播技术体系，创新研制成功水稻精量穴播机和水田激光平地机；突破了农业机械导航与自动作业系统关键技术，在国内首次研制成功无人驾驶拖拉机、水稻种植机械和棉花播种机械。曾获国家技术发明奖二等奖 1 项、省部级科技奖励 15 项，主编专著教材 6 部，发表学术论文 350 余篇，SCI/EI 收录 100 余篇，获授权发明专利 70 余项。指导的研究生 1 人获全国百篇优秀博士学位论文奖，1 人获提名奖。被评为全国教育系统劳动模范、国家级教学名师。

2009 年当选为中国工程院院士。

骆清铭院士简介

骆清铭，男，1966年出生，湖北蕲春人，生物影像学家。1986—1993年硕士、博士就读于华中理工大学光电子工程系。2007年任华中科技大学副校长、武汉光电国家实验室（筹）常务副主任，2017年任武汉光电国家研究中心主任，2018年9月任海南大学校长。

在生物结构、功能及多分子事件信息获取方面做出了较系统的创新性成果。创建了具有亚微米体素分辨率的全脑显微光学切片断层成像（MOST）原理和技术，绘制出亚细胞分辨的小鼠全脑三维神经元联接图谱。建立的全脑介观图谱绘制体系已在脑科学研究中得到了应用，为研究神经元类型、神经环路和脑疾病模型等提供了重要手段。提出了一种脑功能多通道近红外光学成像方法，检测到视皮层神经活动的快信号。提出了一种时间衬比分析方法，将激光散斑血流成像空间分辨率提高5倍。在光学分子成像领域，观察到细胞中绿色荧光蛋白探针存在双光子高阶光漂白效应。构建了多种基于荧光蛋白的分子探针，实现了活细胞中多对蛋白质之间相互作用的并行成像检测。曾获2010年度国家自然科学二等奖和2014年度国家技术发明二等奖。

2019年当选为中国科学院院士。

马丁院士简介

马丁，男，1957 年出生，云南昆明人，妇产科学专家。1978—1983 年，本科就读于武汉医学院，1983—1990 年，硕士、博士就读于同济医科大学。现任华中科技大学同济医院妇产科学系主任、中华医学会妇科肿瘤学分会主任委员、中国医疗保健国际交流促进会常务理事、国家妇产疾病临床医学研究中心主任、教育部肿瘤侵袭与转移重点实验室主任等职务。

长期坚持医疗一线工作，具有坚实理论基础和丰富临床实践经验，擅长妇科肿瘤及妇科疾病的诊断和治疗，施行妇产科手术逾万台，精于妇科手术、腔镜及机器人手术，通过合理应用新辅助化疗缩减手术对器官功能的损伤，使年轻妇女保留生育功能成为可能。同时在宫颈癌早期预防和遏制肿瘤转移临床研究方面颇有造诣，并适时将创新科研成果进行临床转化应用，ADV-TK 拮抗肿瘤转移制剂（国家Ⅰ类新药）已进入临床Ⅲ期试验，成果得到国内外同行高度评价。获国家科学技术进步奖二等奖 2 项，中华医学科技奖一等奖 2 项，教育部自然科学奖一等奖 1 项，湖北省成果推广一等奖 1 项，全国优秀科技工作者，吴阶平医学研究奖-保罗·杨森药学研究奖，何梁何利基金科学与技术奖，全国创新争先奖。主编《妇科恶性肿瘤诊治指南（第 5 版）》，主编国家医学生八年制规划教材《妇产科学》和英文版《妇产科学》。

2017 年当选为中国工程院院士。

钮新强院士简介

钮新强，男，1962年出生，浙江湖州人，水工结构专家。1983年本科毕业于华东水利学院，1989年硕士毕业于河海大学，2000—2005年博士就读于华中科技大学水利水电工程专业。2021年任长江设计集团有限公司董事长、党委书记。兼任湖北省科学技术协会第九届委员会副主席、中国大坝工程学会副理事长、第十三届全国人大代表。

主持和参与主持了国家重大水利水电工程设计10余项，是三峡、南水北调中线工程主要设计负责人之一。1992年始负责三峡工程船闸、升船机等通航专业设计，1998年任设计院三峡工程设计负责人。主持设计了世界首座全衬砌船闸——三峡双线五级船闸和世界上规模最大、技术难度最高的三峡升船机，建立了全衬砌船闸设计理论、方法和技术标准，研发了巨型水轮发电机组蜗壳“组合埋设”“单洞型”大型地下电站等多项水工新技术，在三峡工程中成功应用，效益显著。2002年起负责南水北调中线工程总体可研和各阶段设计研究工作，主持完成了丹江口大坝加高、穿黄工程等重点项目的设计研究工作，提出了“新老混凝土有限结合”等重力坝加高设计新理论，研发了“盾构隧洞预应力复合衬砌”新型输水隧洞，解决了中线工程多项关键技术难题。获国家科学技术进步二等奖5项、省部级科学技术进步特等奖4项，主（参）编国家和行业标准5项，出版专著8部。曾获全国工程设计大师、FIDIC百年优秀咨询工程师、全国杰出专业技术人才、湖北省科学技术突出贡献奖、全国创新争先奖、全国先进工作者等荣誉。

2013年当选为中国工程院院士。

潘垣院士简介

潘垣，男，1933年出生，湖北宜昌人，磁约束核聚变技术和高功率脉冲电源技术专家，我国核聚变和大型脉冲电源技术的主要开拓者。1953—1955年本科就读于华中工学院电力系，先后在武汉电管局中心试验所、北京二机部401所、585所和中国科学院等离子体物理所工作。曾先后赴英国欧洲联合托卡马克JET实验室和美国德克萨斯大学聚变研究所工作。1998年至今任华中科技大学教授、电气与电子工程学院名誉院长，并兼“国际热核实验反应堆（ITER）”中国专家委员会委员和科学顾问、“惯性约束聚变点火装置（ICFIF）”国家重大专项专家委员会委员等职。

主持和参与主持完成三套聚变装置研制和两套聚变装置升级改造，以及一套即将开始研制建造。其中中国环流器一号是我国第一套重大科技基础设施，代号“451 工程”。提出并指导成功建成国家重大科技基础设施脉冲强磁场装置。曾获国家科学技术进步一等奖 2 项，院部委特等奖 1 项，一、二等奖多项。

1997 年当选为中国工程院院士。

裘法祖院士简介

裘法祖（1914—2008），男，浙江杭州人，医学家。1932—1936 年就读于同济大学医学院，1939 年毕业于慕尼黑大学医学院获博士学位。1947 年受聘为同济大学医学院附属中美医院外科教授，一年后任外科主任。曾任武汉医学院第二附属医院外科主任、武汉医学院副院长兼器官移植研究所所长、武汉医学院院长、同济医科大学名誉校长、华中科技大学同济医学院名誉院长等。

20 世纪 50 年代，对晚期血吸虫病和肝炎后肝硬变引起的门静脉高压症的外科治疗进行了深入研究，创建了“贲门周血管离断术”，有效地治疗了食管胃底曲张静脉破裂大出血。20 世纪 70 年代，在我国最早开展从动物实验到临床的肝移植研究。晚年致力于胆道流体力学与胆结石成因的研究，自体外牛胆汁中研制培育出“体外培育牛黄”。其刀法以精准见长，被医学界称为“裘氏刀法”，改进普通外科手术 20 余种。率先开展国内器官移植研究，创建了中国最早的器官移植机构——同济医科大学器官移植研究所。担任全国高等医学院校医学专业教材编审委员会主任委员，主持编写了以五年制医学教材为主体的 50 多种医学教材。

1993 年当选为中国科学院院士。

饶宏院士简介

饶宏，男，1961年出生，湖北武汉人，电力系统工程技术专家。1979—1983年本科就读于华中工学院电力系统及其自动化专业。现任南方电网公司首席技术专家、科学研究院董事长。曾任国际大电网会议组织（CIGRE）直流系统与电力电子技术委员会委员。

长期从事直流输电重大工程与交直流电网运行领域的系统研究、设计和建设工作，攻克我国自主化直流输电成套设计技术，建立国际领先的大电网实时仿真平台，研究和发现多直流对电网安全影响，提出多直流密集馈入电网风险分析与控制方法，攻克特高压柔性直流输电技术，突破更多直流接入大电网的发展瓶颈。主持设计建成我国 ±500 kV 自主化依托工程、世界首个特高压多端柔性直流工程等 11 回直流重大工程，创建直流输电技术国家重点实验室，为我国电网技术创新发展和直流输电实现国际引领做出了系统性贡献。获国家科学技术进步一等奖 1 项、二等奖 1 项，省部级一等奖 4 项；发表论文 37 篇，授权发明专利 25 项。获何梁何利基金科学与技术进步奖、IEEE Uno Lamm 高压直流输电奖。

2021 年当选为中国工程院院士。

邵新宇院士简介

邵新宇，男，1968年出生，江苏靖江人，机械制造自动化专家。1986—1990年本科就读于华中理工大学机械制造工艺与设备专业，1990—1992年硕士就读于华中理工大学机械制造自动化专业，1992—1998年博士就读于华中理工大学机械制造自动化专业，1995—1998年在美国密西根大学-迪尔伯恩分校联合培养。博士毕业后留校工作，2008年7月任华中科技大学副校长，2011年6月任华中科技大学党委常委、副校长，2013年任华中科技大学常务副校长，2017年12月任华中科技大学党委书记。现任科技部副部长、党组成员，制造装备数字化国家工程研究中心主任，国务院学科评议组成员（机械工程），教育部科学技术委员会先进制造学部常务副主任。曾任科技部先进制造领域“重大装备与工艺技术”主题专家组召集人、“数控一代机械产品创新应用示范工程”专家组组长。

长期从事汽车制造关键工艺与装备的理论研究、技术开发和工程应用。主持研发了多种工艺技术创新的车身大功率激光加工装备与生产线，以及整车与发动机制造执行优化数字化平台，在一汽、东风、上汽等成功应用，并推广至航空、船舶等领域，取得显著的社会经济效益。获国家科学技术进步一等奖 1 项、二等奖 3 项，省部级一等奖 2 项，何梁何利基金科学与技术进步奖等。获授权发明专利 60 余项，发表论文 300 余篇，出版专著 3 部。

2019 年当选为中国工程院院士。

沈其震学部委员简介

沈其震（1907—1993），男，重庆人，医学家，中国人民军队卫生事业的创建人之一。1923 年入读同济大学医学院，后转入中山大学医学院就读，1931 年获日本东京帝国大学医学院医学博士学位。曾任中国医学科学院教授、首任院长、名誉院长，1957 年中国医学科学院和协和医学院合并后任副院长。

20 世纪 30 年代，借鉴苏联的卫生保健事业，创办了由中国共产党北方局领导的天津诊所和《医学知识》杂志等刊物。1937 年在汉口参加新四军，筹建了新四军军医处，并任处长。皖南事变后，任新四军卫生部部长，1943年到延安，任中央军委卫生部第一副部长，募集医药器材，为解放区输送了大批急需物资，动员了大批科技人员到解放区工作。新中国成立后，沈其震先后领导、组织创建了劳动卫生研究所、寄生虫病研究所、药物研究所、抗菌素研究所、流行病学研究所、医学生物学研究所、病毒学研究所、实验医学研究所和药用植物试验站等10多个科研机构，为中国医学科学院的创建和我国卫生事业做出了贡献。

1955年当选为中国科学院学部委员（院士）。

沈韫芬院士简介

沈韫芬（1933—2006），女，上海人，原生动物学家。1953年毕业于南京大学生物系，1960年获得苏联科学院动物研究所副博士学位，1980年前往美国弗吉尼亚州立大学环境中心交流学习。自1953年起，先后在中国科学院水生生物研究所任助理研究员、副研究员、研究员。曾任中国动物学会副理事长、中国动物学会原生动物学分会理事长，2000年任华中科技大学环境科学与工程学院院长。

主持我国22个省、自治区的原生动物分类和区系，鉴定物种近2000种，35个新种。在《西藏水生无脊椎动物》中描述原生动物458种，其中

80%为新记录，含12个新种，被国内外同行誉为该领域经典。在对多种水体近10年的实践研究基础上，在分类和生态的交接点上发展和建立了《水质　微型生物群落监测　PFU法》（GB/T 12990—91）国家标准。

1995年当选为中国科学院院士。

谭建荣院士简介

谭建荣，男，1954年出生，浙江湖州人，机械工程专家。1982年本科毕业于中央广播电视大学，1985—1987年硕士就读于华中工学院机械工程系，1992年博士毕业于浙江大学。担任浙江大学机械工程学系主任、浙江大学工程与计算机图形学研究所所长、浙江大学流体动力与机电系统国家重点实验室学术委员会副主任、浙江大学CAD&CG国家重点实验室学术委员会委员、中国机械工程学会副理事长、中国图学学会副理事长、教育部工程图学教学指导委员会主任。

长期从事机械设计及理论、数字化设计与制造的研究。提出了多品种大批量定制设计技术、多性能数字化样机设计技术和多参数分析与匹配设计技术。将提出的技术固化在软件中，开发并获得计算机软件著作权 12 项，研究成果在一批装备行业大型骨干制造企业得到成功应用。近年在国内外重要学术期刊发表高水平论文 185 篇，其中 SCI/EI 检索 142 篇，引用 1600 多次，出版学术专著 9 本。研究成果被列为 2004 年机械工业科学技术九项重大进展之一，获国家科学技术进步二等奖 4 项，省部级科学技术进步一等奖 7 项，国家级教学成果奖 3 项，其中一等奖 1 项、二等奖 2 项。

2007 年当选为中国工程院院士。

王秋良院士简介

王秋良，男，1965年出生，湖北黄冈人，强电磁工程与技术专家。1986年获得湖北大学物理系学士学位，1991年获得中国科学院等离子体物理研究所低温工程专业硕士学位，1994年获得中国科学院电工研究所博士学位。1995年任华中理工大学副教授，1996年5月日本九州大学工学部超导科学研究中心博士后出站，2002年11月在中国科学院电工研究所工作。现为中国科学院电工研究所应用超导重点实验室副主任，研究员、博士生导师，中国科学院研究生院教授。中国电机工程学会、中国电工技术学会高级会员，美国MIT物理系客座教授，国家“863计划”专家组专家。

长期从事复杂电磁结构的极高磁场超导磁体相关的研究。带领团队成功研制出高精度非完整球超导转子、具有连续可调多均匀区的磁体、高磁场超导强磁聚焦与回旋装置等科学仪器设备；研制出国际上首台商业化主动冷却零挥发液氦 400 MHz 核磁共振谱仪磁体系统和 10～12 T/100 mm 高稳定度超导磁体系统，极大降低了超导磁体对美国进口液氦资源的依赖性。2009 年获国家科学技术进步二等奖。

2019 年当选为中国科学院院士。

邬堂春院士简介

邬堂春，男，1965 年出生，四川简阳人，职业卫生与环境卫生学家。1983—1988 年本科就读于同济医科大学卫生系，1988—1993 年博士就读于同济医科大学公共卫生学院。2006 年任华中科技大学同济医学院副院长、公共卫生学院院长，2022 年 4 月任华中科技大学同济医学院院长。兼任中国医师协会副会长兼公共卫生分会会长、环境与健康教育部重点实验室主任、*Environmental Health Perspectives* 等杂志编委、曾任国际细胞应激学会主席。

长期从事空气污染与健康的研究，在揭示空气污染病因、阐明发病机制和制定预防对策等方面做出了杰出贡献。运用大样本、高质量的前瞻性队列，破解了矽尘暴露致肺癌和冠心病死亡增加的世界难题，为国际癌症研究机构认定矽尘为肺致癌物提供了高级别证据，促进了中美等国家职业卫生标准的重大修订，成效显著；揭示了家用固体燃料产生的室内空气污染是居民过早死亡的重大病因，提出改用清洁能源和有效通风的预防措施，改变了中国乃至世界的预防对策；深入研究了空气污染致心肺损害的主要成分和作用机制，为制订环境质量标准和高效精准预防提供了新证据。在 *JAMA*、*Nature* 等发表论文 400 余篇，获国家自然科学二等奖、国家科学技术进步二等奖各 1 项，国家教学成果二等奖 2 项。

2021 年当选为中国工程院院士。

吴孟超学部委员简介

吴孟超（1922—2021），男，福建闽清人，医学家，中国肝脏外科的开拓者和主要创始人之一。1940 年就读于同济附中，1943—1949 年本科就读于同济大学医学院。曾任第二军医大学附属东方肝胆外科医院院长、中国人民解放军肝胆外科研究所所长、原总后勤部专家副主任等。

20 世纪 50 年代，最先提出中国人肝脏解剖“五叶四段”的新见解；60 年代，首创常温下间歇肝门阻断切肝法并率先突破人体中肝叶手术禁区；70 年代，建立起完整的肝脏海绵状血管瘤和小肝癌的早期诊治体系，较早应用肝动脉结扎法和肝动脉栓塞法治疗中、晚期肝癌；80 年代，建立了常温下无血切肝术、肝癌复发再切除和肝癌二期手术技术；90 年代，在中晚期肝癌的基因免疫治疗、肝癌疫苗、肝移植等方面取得了重大进展并首先开展腹腔镜下肝切除和肝动脉结扎术。共施行肝癌手术 8000 余例，术后 5 年生存率 38.1%，小肝癌（小于 5 厘米）手术 1000 余例，术后 5 年生存率 79.8%（其中小于 3 厘米小肝癌 5 年生存率已达 85.3%），最长存活 36 年。1996 年被中央军委授予“模范医学专家”荣誉称号，2005 年获国家最高科学技术奖。

1991 年当选为中国科学院学部委员（院士）。

吴旻学部委员简介

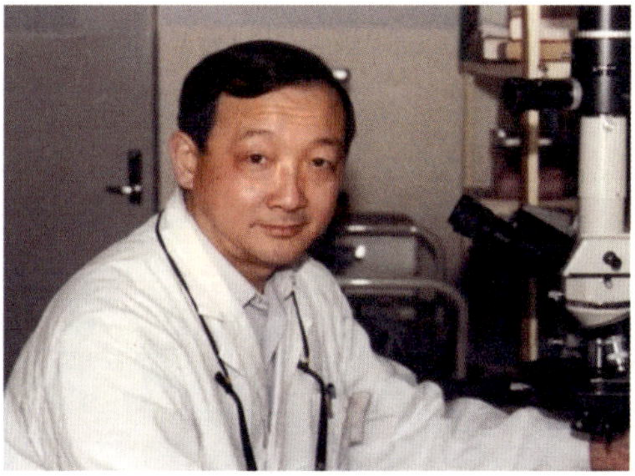

吴旻（1925—2017），男，江苏常州人，肿瘤遗传学家，我国医学遗传学奠基人之一。1943—1950 年本科就读于同济大学医学院，毕业后留校工作。1961 年在苏联莫斯科医学科学院实验和临床肿瘤研究所获博士学位。曾任中国医学科学院肿瘤研究所细胞生物学室主任、分子肿瘤学国家重点实验室主任、中国科学院生物学部副主任、国家自然科学基金委员会生命科学部主任、中国遗传学会副秘书长及副理事长、中华医学遗传学会主任委员。

长期从事细胞生物学、细胞遗传学和肿瘤学方面研究。开创了我国的人体细胞遗传学新领域，创建了第一个医学细胞遗传学研究组，在国内率先开展了先天性畸形的产前诊断。与卢惠霖教授合作全面介绍了优生学的发展历史和功过，并宣传优生学的积极方面，对我国医学遗传学的发展起到了推动作用。在食管癌研究中，首先提出通过检出易感个体进行规模预防的策略，首先倡导癌症的基因治疗，积极推动我国人类基因组计划的实施。以中、俄、英文发表论文 300 余篇。曾获国家自然科学二等奖，原卫生部科学技术进步二等奖、三等奖各 1 项。作为主要参加者，1995 年获全国十大科技成就奖，1996 年获光华工程科技奖工程奖，1998 年获何梁何利基金科学与技术进步奖。2013 年中国遗传学会以其名字设立“吴旻人类与医学遗传奖”。

1980 年当选为中国科学院学部委员（院士）。

吴伟仁院士简介

吴伟仁，男，1953 年出生，四川平昌人，航天测控通信和深空探测工程总体设计专家。1978 年本科毕业于中国科学技术大学，2001—2004 年博士就读于华中科技大学。先后在航天工业部北京遥测技术研究所从事运载火箭、卫星测控通信科研工作，任工程组长、研究室副主任、主任、研究所副所长，曾任航天工业总公司建华仪器厂厂长，国防科技工业委员会科技司副司长、司长，国家国防科技工业中长期科技规划办公室主任等，2008 年任中国探月工程总设计师。

长期从事航天遥测、测控通信和深空探测工程研究。负责研制成功我国第一代计算机遥测系统和远程航天测控通信系统，达到国际先进水平。主持实现航天测控通信由 S 频段近地空间到 X 频段深空的技术跨越。提出并实现嫦娥二号对月球、日地拉格朗日 L2 点和小行星等多目标探测，开辟了我国深空探测新领域。主持实现嫦娥三号月球软着陆和巡视探测，树立了中国航天新里程碑。作为主要提出者提出无人月球采样返回技术方案，已获国家批准实施。先后获国家科学技术进步特等奖 3 项，一等奖 2 项，二、三等奖各 1 项。获全国先进科技工作者、国防科技工业杰出人才奖、首届全国创新争先奖、何梁何利基金科学与技术成就奖、钱学森杰出贡献奖、国际宇航联合会（IAF）世界航天最高奖等。发表论文 80 余篇，出版专著 10 余部。

2015 年当选为中国工程院院士。

吴中如院士简介

吴中如，男，1939年出生，江苏宜兴人，水工结构专家。1963年毕业于华东水利学院，1979年任河海大学教授，1999年任华中理工大学水利水电及自动化工程系主任，2000年任华中科技大学水电与数字化工程学院院长。曾任第十届全国政协委员、水利部科学技术委员会委员、中国水力发电工程学会理事、中国水利学会理事、江苏省水力发电工程学会理事长等。

长期从事水工结构、大坝安全监测与监控领域的教学和科研工作。首次在国内外研制了大坝安全综合评价专家系统，建立了大坝安全监控模型体系，发展和完善了大坝安全监控反分析理论。研究成果直接应用于三峡、龙羊峡等几十座国家重点大坝工程，为提高我国大坝安全监控水平提供了源头性技术支持，取得了显著的社会经济效益。主持国家重点科技攻关项目子题6项，国家自然科学基金三峡重大项目课题及重点项目等基金6项，“973计划”项目课题1项，重大工程科研项目60多项。作为主要完成人，获国家科学技术进步二等奖3项、三等奖1项，省部级科学技术进步特等奖1项、一等奖3项、二等奖4项，三等奖4项，发表学术论文200多篇，出版著作8部。

1997年当选为中国工程院院士。

熊有伦院士简介

熊有伦，男，1939年出生，湖北枣阳人，机械工程专家。1962年本科毕业于西安交通大学机械工程系，1966年西安交通大学制造自动化专业硕士毕业后来校工作。曾任机器人学国家重点实验室学术委员会主任、机械制造系统工程国家重点实验室学术委员会主任，现任高性能复杂制造国家重点实验室学术委员会主任、《中国科学：E辑》《科学通报》编委。

长期致力于机械工程中机电控制与自动化及其有关理论和技术的研究，建立了形状误差评定和仲裁的极差极小化理论，提出J-函数新概念和基于J-函数的碰撞、干涉检验方法，为冗余度和欠自由度机器人设计、分析和轨迹规划提供了统一的准则和方法，并首次设计出具有偏置连杆结构的换刀机械手。主持包括国家自然科学基金“九五”重大项目“支持产品创新的先进制造技术基础研究”、重点项目“网络环境下的数字制造理论与关键技术”、自然科学基金项目“集成机器人装配规划与操作的几何推理方法研究”、973 课题等多项国家级重大课题，在机器人技术、数字制造、电子制造等研究领域取得突出成果，发表论文 200 余篇。出版《机器人学：建模、控制与视觉（第二版）》《机器人操作》《精密测量的数学方法》等著作，培养博士研究生 40 余名，获全国教材建设奖一等奖，国家科学技术进步二等奖、三等奖，国家技术发明二等奖各 1 项，省部级一等奖 5 项，2022 年获“最美教师”称号。

1995 年当选为中国科学院院士。

徐青院士简介

徐青，男，1960 年出生，湖北武汉人，船舶工程专家。1982 年本科毕业于上海交通大学，1998—2001 年硕士就读于华中科技大学交通传输工程专业。现任中国船舶集团有限公司第七〇一研究所研究员，集团首席技术专家，国家重点工程总设计师。

长期从事驱护舰总体研究设计，先后担任我国首型远海隐身护卫舰、第三代护卫舰和首型万吨级驱逐舰总设计师，在舰船总体设计、联合推进和作战系统集成技术领域取得开拓性创新成果，为海军从近海防御向远海防卫的战略转型装备建设做出重大贡献。先后获国家科学技术进步一等奖

2 项，省部级科学技术进步特等奖 1 项、一等奖 2 项，获何梁何利基金科学与技术进步奖，享受国务院政府特殊津贴，被评为全国优秀科技工作者、国防科技工业十大创新人物、船舶设计大师、湖北省杰出专业技术人才等。

2019 年当选为中国工程院院士。

徐涛院士简介

徐涛，男，1970年出生，湖北宜昌人，细胞生物物理学家。1988—1992年本科就读于华中理工大学自动控制工程专业，1992—1996年博士就读于华中理工大学生物医学工程专业，1996—1999年在德国马克思-普朗克生物物理化学研究所从事博士后研究，现任生物岛实验室主任、广州实验室常务副主任和广州医科大学生物医学工程学院院长。曾任华中科技大学生命科学与技术学院生物物理与生物化学研究所所长、副院长，中国科学院大学副校长。

主要从事胰岛 β 细胞功能和细胞生物物理技术的研究。在细胞囊泡分泌调控的分子机制、GLUT4 储存囊泡转运及其调控机制、超分辨多模态细胞成像等方向取得了突出成绩。2008 年获得国家自然科学奖二等奖，2012 年获何梁何利基金科学与技术进步奖，2015 年获谈家桢生命科学创新奖。

2017 年当选为中国科学院院士，2018 年当选为发展中国家科学院院士。

许厚泽院士简介

许厚泽（1934—2021），男，安徽歙县人，大地测量与地球物理学家。1955 年毕业于同济大学，1962 年硕士毕业于中国科学院测量与地球物理研究所。曾任中国科学院测量与地球物理研究所所长、中国科学院武汉分院院长、国际地潮委员会主席。自 2011 年起受聘为华中科技大学物理学院教授，任物理学院地球物理研究所所长。2015 年任精密重力测量国家重大科技基础设施项目工程总顾问。

长期从事大地测量与地球物理学研究，开拓了我国地球重力场、固体地球潮汐形变与动力大地测量研究。在地球重力逼近理论与高空赋值、天文重力水准计算与处理、地球重力场模型、地球潮汐模拟理论观测实验等方面开展了大量创新性研究，取得了多项有重要影响力的成果，为我国大地重力学步入国际先进行列做出重大贡献。曾任第六、第七和第八届全国人大代表，1979 年获全国劳动模范，1984 年被国务院授予国家级有突出贡献的中青年专家称号。

1991 年当选为中国科学院院士。

杨宝峰院士简介

杨宝峰，男，1957 年出生，吉林松原人，药理学家。1985—1988 年博士就读于同济医科大学药理学专业。曾任哈尔滨医科大学校长、中国工程院医药卫生学部主任。中俄医科大学联盟（106 所大学）主席、中华医学会副会长、黑龙江省科协副主席、中国心血管药理专业委员会名誉主任委员；心脏疾病研究“973 计划”项目首席科学家，心血管药物研究教育部重点实验室主任，药理学国家重点学科、国家级教学团队及国家科技创新群体带头人。中国共产党第十七、十八、十九届全国代表大会代表。

带领团队通过对50余种作用于心脑血管系统疾病药物的研究，发现抗心肌缺血、心律失常药物作用离子通道的特点和规律，并提出离子通道靶点学说，编入《离子通道药理学》和本科生教材《药理学》。发现离子通道、非编码RNA及M3-R等相互作用对心脏结构重构、电重构致心脏功能紊乱的机制。揭示作用于心血管系统疾病药物如β受体阻滞剂以及丹参、大黄等中药有效成分的心脏保护机制，阐明三氧化二砷等药物对心脏毒性作用的机制并提出防治措施。研发降脂、防术后粘连等药物并投入临床使用。曾获国家自然科学二等奖、何梁何利基金科学与技术进步奖、首届全国创新争先奖、黑龙江省最高科学技术奖，首届十佳全国优秀科技工作者，国家级教学名师。主编规划教材《药理学》（6、7、8、9版），并获全国医药优秀教材一等奖。

2009年当选为中国工程院院士。

杨华勇院士简介

杨华勇，男，1961 年出生，重庆人。流体传动与控制领域专家。1978—1982 年本科就读于华中工学院机械系液压传动及控制专业，1988 年博士毕业于英国巴斯大学。曾任浙江大学流体动力与机电系统国家重点实验室主任，国家电液控制工程技术研究中心主任，现任浙江大学机械工程学院院长。中国机械工程学会高级会员，中国机械工程学会流体传动与控制分会副主任；中国力学学会流体传动与控制分会副理事长，中国电梯协会理事，岩石力学与工程学会隧道掘进机工程应用分会常务理事；《机械工程学报》《中国机械工程》《农业机械化学报》《机器人技术与应用》

等杂志编委。

长期从事电液控制方面的理论研究、基础元件和系统开发、盾构与液压电梯关键技术研发以及工程化等工作。形成了“理论-元件-系统-装备-应用”完整的技术路线，对我国机电液装备的自主研发做出了重要贡献，取得了显著的经济效益。获国家科学技术进步一等奖和二等奖各 1 项、省部级一等奖 4 项，获全国创新争先奖。

2013 年当选为中国工程院院士。

杨叔子学部委员简介

杨叔子，男，1933年出生，江西湖口人，机械工程专家、教育家。1953—1956年本科就读于华中工学院机械工程系，毕业后留校工作。1993年担任华中理工大学校长，1998年起担任华中理工大学、华中科技大学学术委员会主任。中共十五大、十六大代表。曾任中国科学院技术科学部副主任，第一、二、三届教育部高等学校文化素质教育指导委员会主任，中国高等教育学会副会长，中国机械工业教育协会副会长，教育部高等学校机械学科教学指导委员会主任，中国机械工程学会特邀理事，湖北省人民政府咨询委员会主任委员，湖北省科协副主席，湖北省高级专家协会会长等。

杨叔子致力于机械工程与信息技术、人工智能等新兴学科的交叉研究，带领团队开辟了我国智能制造研究的新领域，是国内智能制造的首倡者。他推进了时间序列分析的工程应用，实现了无颤振切削，攻克了钢丝绳断丝定量检测等国际难题，为我国机械工程的发展做出了有重要影响的贡献。先后获国家自然科学奖、国家发明奖、省部级科技奖 20 余项，专利 5 项，出版专著、教材 14 种，获国家级、省部级教学、图书重要奖励 13 项（其中国家级优秀教学成果一等奖 3 项）。曾获国家级有突出贡献专家、全国教育系统劳动模范、全国高校先进科技工作者、全国优秀教师、全国五一劳动奖章等荣誉称号。

1991 年当选为中国科学院学部委员（院士）。

姚绍福院士简介

姚绍福（1932—2001），男，湖南常德人，飞航导弹武器系统总体设计专家。1953—1954 年本科就读于华中工学院电机工程系，1959 年获苏联莫斯科动力学院副博士学位。历任国防部五院 701 所研究室副主任、七机部飞航导弹研究院总体设计部副主任、航天工业部第三研究院院长、航天总公司第三研究院科学技术委员会主任、中国航天机电集团公司科学技术委员会副主任、飞航导弹型号系列总设计师。

长期从事飞航导弹研制工作，先后任多种型号飞航导弹武器系统的正、副总设计师，参与和主持解决了这些武器系统总体设计领域中的一系列关键技术，主持论证我国飞航导弹发展战略的研究工作，为发展我国飞航导弹做出了重大贡献。获得国家科学技术进步特等奖、一等奖和二等奖，航天工业总公司科学技术进步一等奖，航天部科学技术进步二等奖。发表论文、科技报告和著作10余篇。

1997年当选为中国工程院院士。

叶朝辉院士简介

叶朝辉，男，1942 年出生，四川简阳人，物理学家。1965 年毕业于北京大学无线电电子学系。1986 年起任中国科学院武汉物理与数学研究所研究员，1987 年任所长，1999 年任中国科学院武汉分院院长，1999 年起兼任华中科技大学教授、博士生导师、理学院院长，2004 年任武汉光电国家实验室（筹）主任。中共十五大、十六大代表。

主要从事波谱学与量子电子学的研究，为发展我国铷光抽运原子频标做出过重要贡献。在磁共振波谱学的理论和实验方面开展了一系列前沿研究，在固体高分辨及多量子核磁共振研究方面有创造性的研究结果。首次报道了脉冲 Fourier 变换的次谐波核磁共振现象；用转动算符方法进行核自旋动力学的研究；创造了快速测定魔角的方法以及多量子弛豫时间的直接测量；发展了 Raman 磁共振波谱学；揭示了磁共振实验中辐射阻尼效应的物理本质；主持建立了国际上最大功率的动态核极化谱仪；在研究旋转固体的核磁共振性质以及对分子筛、煤和油料种子的应用研究等方面取得了具有重要意义的结果；近年来致力于探索磁共振与生命科学的交叉，开展了系列的研究。

2001 年当选为中国工程院院士。

叶声华院士简介

叶声华，男，1934 年出生，湖北荆州人，测试计量技术及仪器专家。1953—1956 年本科就读于华中工学院机械制造专业，1956—1959 年为北京俄语学院高教部留苏预备生，1962 年硕士毕业于天津大学。天津大学精密仪器与光电子工程学院教授、博士生导师，曾任精密测试技术及仪器国家重点实验室主任。

长期从事测试计量技术及仪器专家教学与科研工作。著有《激光在精密计量中的应用》《激光测量技术》等，获国家级教学成果二等奖和宝钢优秀教师特等奖。在我国率先把激光技术引入精密测试领域，开拓了一个新的方向——激光光电测量，并在激光视觉检测技术、激光衍射测量技术、激光准直技术、柔性在线自动测量方法等方面取得了一系列高水平的研究成果。研究成果获全国科学大会奖、国家技术发明奖、国家科学技术进步奖、中国优秀专利奖、何梁何利基金科学与技术进步奖、天津市科技重大成就奖及其他10余项省部级科研奖励等。被授予全国五一劳动奖章、全国先进工作者、国家重点实验室计划先进个人、当代我国仪器仪表与测量控制领域杰出科学家荣誉称号。

2003年当选为中国工程院院士。

尤政院士简介

尤政，男，1963年出生，江苏扬州人，机械电子专家。1981—1987年本科、硕士就读于华中工学院机械工程一系，1987—1990年博士就读于华中理工大学机械工程系，后留校工作。1990—1992年在清华大学精密仪器与机械学系从事博士后科研工作，1992年12月晋升副教授，留清华大学工作，1994年12月破格晋升教授。2014年11月任清华大学校长助理。2015年8月任清华大学党委常委、副校长。2021年10月任华中科技大学党委副书记、校长。兼任中国科协副主席、教育部科技委常务副主任、国务院学位委员会仪器学科评议组召集人、中国仪器仪表学会理事长、中国机械工程学会副理事长。

主要学术方向为智能微系统及其在空间应用。在我国率先开展了微纳航天器的技术创新及其工程实践，作为总负责人主持设计、建造、发射和在轨运行“TH-1”“NS-1”“NS-2”等多颗微纳卫星，其中 NS-1 卫星是当时世界上在轨飞行的最小“轮控三轴稳定卫星”，为我国空间微系统与微卫星的科技进步做出了重要贡献；突破了多项核心技术，研制了微型 MEMS 储能器件及能源微系统、MEMS 太阳敏感器、微/纳型星敏感器、MEMS 开关/继电器、MEMS 扫描镜及探测微系统等一系列具有国际先进水平的器件与微系统，且多种产品已经在航空、航天等领域实现应用。先后荣获国家技术发明奖二等奖 3 项、国家科技进步二等奖 2 项与国家级奖励不重复的省部级科技奖励 10 余项，授权国家发明专利 90 余项，发表 SCI/EI 论文 400 余篇，出版专著 2 部，译著 2 部。1992 年获国务院学位委员会、教育部授予的“做出突出贡献的中国博士学位获得者”称号。1999 年受聘教育部“长江学者奖励计划”特聘教授，并享受国务院特殊津贴。1998 年 10 月至 2000 年 3 月，在英国萨里大学空间中心任高级访问教授。2005 年获人事部授予的“全国优秀博士后”称号，并入选国家“新世纪百千万人才工程”。

2013 年当选为中国工程院院士。

于登云院士简介

于登云，男，1961年出生，湖南绥宁人，空间飞行器系统、动力学与控制专家。1981—1985年本科就读于华中工学院，1988年毕业于哈尔滨工业大学，获工学硕士学位，2008年毕业于北京航空航天大学，获工学博士学位。现任中国航天科技集团公司科技委副主任、中国探月工程副总设计师。曾任中国空间技术研究院总体专业技术部部长、院长助理、副院长、总工程师，中国东方红卫星公司总经理。

在多引力场轨道动力学与控制、高轨微振动环境优化控制、复杂系统耦合动力学与控制等三方面的理论方法与实践上取得了系统性、创造性成果。曾获国家科学技术进步特等奖 2 项、一等奖 1 项、三等奖 1 项，部级科学技术进步一等奖 2 项，国防技术发明奖二等奖 1 项。主持或参加了“嫦娥四号”“高分四号”“资源一号”等多个国家重大航天工程的研制，解决了人类首次月背着陆探测复杂约束下的轨道设计与控制、国际首颗高轨高分辨率遥感卫星高质量成像等一系列关键技术难题，为我国探月、高分等重大工程做出突出贡献。

2021 年当选为中国科学院院士。

余少华院士简介

余少华，男，1962年出生，湖北武汉人，信息与通信网络技术专家。1992年毕业于武汉大学空间物理与电子信息学院，获博士学位。现任中国信息通信科技集团有限公司总工程师，光纤通信技术和网络国家重点实验室主任，中国通信学会副理事长、光通信委员会主任，国家重点研发计划"宽带通信和新型网络"重点专项总体专家组副组长，国务院学位委员会学科评议组（网络与通信工程）成员，国家第六代移动通信（6G）技术研发总体专家组专家，数字中国产业发展联盟理事长。曾任国际电联ITU-T光与接入网研究组（SG15）副主席，国家"973计划"项目首席科学家。2003 年起任华中科技大学、武汉光电国家实验室（筹）教授，2021 年任光谷实验室副主任。第十三届全国人大代表。

长期从事光纤通信与网络技术研究，主持完成国家“973 计划”和“863 计划”等十余个国家项目，均实现成果转化和大量应用，是我国电信传输网 SDH（同步数字体系）与互联网（含以太网）两网融合的开拓者之一。在国际上率先发明以太网与 SDH 网融合传送的 LAPS（链路接入规程-SDH）系统设备和城域网 MSR（多业务环）系统设备，均实现产业化。在 SDH 传输网的互联网化、利用已覆盖全球的 SDH 网解决互联网的覆盖与提速问题、城域分组环网传送多种业务等国际热点问题上做出了开拓性贡献。出版专著 4 部，发表论文 106 篇，申请发明专利 98 件。提出并主导制定 3 项国际标准，与同事共同提出并参与制定 6 项国际标准。作为独立发明人的专利获中国专利金奖 1 项、优秀奖 2 项，全国信息产业重大技术发明 3 项。以第一完成人获国家技术发明二等奖 2 项和国家科学技术进步二等奖 2 项。先后获中国青年科技奖、全国杰出专业技术人才、光华工程科技奖、全国优秀科技工作者、湖北省科学技术奖和全国劳动模范等荣誉。

2015 年当选为中国工程院院士。

张涤生院士简介

张涤生（1916—2015），男，江苏无锡人，整复外科专家，我国整复外科的创始人之一及开拓者。1941 年本科毕业于国立中央大学。1949 年初任同济大学医学院外科副教授，曾任上海交通大学医学院附属第九人民医院整复外科主任、院长，中国修复重建外科学会主任委员，国家“211”学科带头人，中华整形外科学会副主任委员，上海交通大学医学院终身一级教授。

20 世纪 60 年代开展显微外科的动物实验，成功进行皮瓣的游离移植，为国内第一人，后于 1973 年应用于临床得到成功。在 1976 年开展了我国首例颅面畸形矫正手术，掀开了我国颅面外科新篇章。应用烘绑疗法治疗丝虫病后遗症肢体象皮肿，开创了我国淋巴医学新专业，发明应用前臂皮瓣进行一期阴茎再造手术，被国际上誉为“张氏阴茎再造术”，为提高国际整复外科学术水平做出了许多突出的贡献。张涤生先后获得国家级、部级及上海市科学技术成果一、二、三等奖共 28 项，发明奖 1 项。并获得上海市劳动模范、上海市医学荣誉奖、何梁何利基金科学与技术进步奖和光华工程科技奖等。

1996 年当选为中国工程院院士。

张清杰院士简介

张清杰，男，1958 年出生，河南西峡人，材料科学家。1982 年毕业于洛阳工学院拖拉机设计与制造专业，1982—1984 年硕士就读于华中工学院船舶结构力学专业，1987—1990 年博士就读于华中理工大学船舶结构力学专业。曾任材料复合新技术国家重点实验室主任、武汉理工大学校长。

长期从事热电材料等特种功能无机非金属与复合材料的基础理论、材料制备和工程应用研究。提出磁性纳米复合热电材料的概念，发现热-电-磁协同效应，建立了热电材料电子/声子输运协同调控的新方法；发明了热电材料快速非平衡制备新技术，实现了近百种热电材料的快速制备，解决了低温和中温系列重要热电材料长期不能快速低成本制备的重大技术难题；将研究的高性能材料用于太阳能全光谱热电-光电复合发电和武器装备系列重点型号，为国家新能源技术和国防武器装备的发展做出重要贡献。获国家发明奖二等奖和自然科学奖二等奖3项，其中作为第一完成人获国家发明奖二等奖1项，获美国陶瓷协会科学技术前沿奖（Frontiers of Science and Technology-Rustum Roy Award），在*Nature*、*Nature Nanotechnology* 等国际学术期刊发表多篇论文。

2017年当选为中国科学院院士。

张旭院士简介

张旭，男，1962年出生，湖北荆州人，泌尿外科专家。1978—1983年本科就读于武汉医学院，1986—1989年硕士就读于同济医科大学，2002年获华中科技大学博士学位。现任中华医学会泌尿外科分会常委、全军泌尿外科学会副主任委员、北京市泌尿外科学会副主任委员。曾任同济医院泌尿外科副主任、中国人民解放军总医院泌尿外科主任。

长期致力于泌尿外科手术技术，特别是微创腹腔镜技术在泌尿外科的应用研究及其推广，创立了一套以腹膜后入路为特色的泌尿外科腹腔镜手术技术体系，已成为我国泌尿外科通用技术体系，并在欧美及东南亚地区推广应用，迅速提高了我国泌尿外科腹腔镜和机器人外科水平，推动了我国泌尿外科微创技术的发展，赢得了国内外同行的高度认可。主编/译《泌尿外科腹腔镜与机器人手术学》等专著5部，以第一作者或通讯作者在国际权威杂志发表SCI论文100余篇。以第一完成人获国家科学技术进步二等奖2项，省部级科技奖励4项。获2007年度中华医学会泌尿外科分会金膀胱奖、第三届国之名医·卓越建树奖、2021年度吴阶平泌尿外科医学奖等。

2021年当选为中国科学院院士。

张勇传院士简介

张勇传，男，1935 年出生，河南南阳人，水电能源专家。1953—1957 年本科就读于华中工学院水电专业，毕业后留校任教。曾任校学术委员会副主任、文华学院首任校长，现任文华学院名誉校长。

长期从事水资源、电力领域的教学科研工作。在水库运行基础理论、规划决策与洪水风险管理、电力系统和水电站计算机仿真控制、随机决策领域不断取得重要突破。率先提出的凸动态规划和水调对策论开辟了新的研究领域；建立了调度面变分求解模型以及传递相关判别准则，解决了库群优化的“维灾”难题；构建的随机决策模式、洪水分型和分型归纳演绎预报模式，为该领域研究开拓了新的途径。将水库运行基础理论与优化理论、控制理论、系统工程等理论与技术进行综合交叉研究和应用，为现代水库运行理论的创立做出了突出贡献，并率先提出了数字流域的崭新概念。研究成果已成功地应用于生产实际，获得了巨大的直接经济效益。出版了《水电站水库调度》等著作16部，发表论文200余篇，获国家科学技术进步一、二、三等奖各1项，省部级二等奖以上的重要奖励10余项。

1997年当选为中国工程院院士。

赵梓森院士简介

赵梓森，男，1932年出生，广东中山人，光纤通信专家。1953年毕业于上海交通大学。国家光纤通信技术工程研究中心技术委员会主任、武汉邮电科学研究院高级技术顾问、邮电部科学技术委员会委员。2003年任武汉光电国家实验室（筹）教授，光电子器件与集成研究部学术带头人。

早在1973年就建议开展光纤通信技术的研究，并提出正确的技术路线，参与起草了我国“六五”“七五”“八五”“九五”光纤通信攻关计划，为我国光纤通信发展少走弯路起了决定性作用。20世纪70年代末，组织研制生产出我国首批实用化的光纤光缆和设备。作为技术负责人、总体设计人，先后完成了我国第一条实用化 8 Mb/s、34 Mb/s 和 140 Mb/s 等 6 项国家、邮电部光缆通信重点工程，其中有 3 项工程获国家科学技术进步二等奖。其领导开发的光纤通信产品获大面积推广应用，取得显著经济效益。作为我国光纤通信公认的开拓者之一，因发展中国的光纤通信技术和工业所做的贡献，1997 年入选国际电气与电子工程师协会（IEEE）Fellow 会士。

1995 年当选为中国工程院院士。

郑晓静院士简介

郑晓静，女，1958年出生，浙江乐清人，力学家。1978—1984年本科、硕士就读于华中工学院力学系，1987年获兰州大学博士学位，1992年起在兰州大学任教授，2012年6月任西安电子科技大学校长，2017年1月任西安电子科技大学党委书记。兼任中国科学技术协会副主席、国际理论与应用力学联合会执行委员会委员、中国科学院数理学部副主任、中国力学学会副理事长、陕西省科协副主席、北京大学“湍流与复杂系统国家重点实验室”学术委员会主任、甘肃省荒漠化与风沙灾害防治实验室（国家重点实验室培育基地）学术委员会主任等。

长期从事弹性力学、电磁材料结构力学和风沙物理力学研究。解决了大挠度薄板精确求解和近似解析求解的收敛性证明等难题，系统建立了铁磁、超磁致伸缩和超导材料及结构在电磁场中的多场耦合非线性力学行为定量分析的基本理论模型和有效方法，提出了风沙流和风成地貌（沙纹及沙丘）形成及发展过程的理论预测方法，对一种工程固沙（草方格）方法给出了设计的理论公式。获国家自然科学二等奖 2 项、国家科学技术进步二等奖 1 项、何梁何利基金科学与技术进步奖、周培源力学奖等。

2009 年当选为中国科学院院士，2010 年当选为发展中国家科学院工程学部院士。

周宏灏院士简介

周宏灏，男，1939 年出生，湖南长沙人，遗传药理学和临床药理学家。1957—1962 年本科就读于武汉医学院医疗系临床医学专业。1983 年赴香港大学医学院进修临床药理学，随后进入美国范德比尔特大学临床药理室担任高级研究员，1991 年回国创建我国第一所遗传药理研究所。1995 年任湖南医科大学副校长，2002 年任中南大学临床药理研究所所长。

在国际上首次提出和证实药物反应种族差异，并系统研究其发生机制，促进世界各国药政管理和新药开发对种族因素的重视；深入系统研究药物相关基因多态性的功能和机理，率先推向临床个体化药物治疗应用；

自20世纪90年代，在我国首先提出和推动“量体裁衣”个体化药物治疗，创建我国首个个体化用药咨询中心，开发首张个体化用药基因芯片并推向市场，推动我国个体化医学分子检测的规范化和标准化国家管理。在包括《新英格兰医学杂志》在内的国际SCI英文期刊上发表论文380余篇，出版中、英文专著和教材10余部。培养硕博士和博士后230余名，为我国造就了一支遗传药理学和药物基因组学研究和服务的队伍。

2005年当选为中国工程院院士。

周济院士简介

周济，男，1946年出生，上海人，机械工程专家。1970年本科毕业于清华大学，1978—1980年硕士就读于华中工学院机械制造专业，1984年美国纽约州立大学博士毕业后至华中理工大学工作。1995年任华中理工大学副校长，1997年任华中理工大学校长，2000年任华中科技大学校长。曾任湖北省委常委兼省科技厅厅长，武汉市市长，教育部部长，中国工程院院长。

长期从事机械设计、数控技术与智能制造的教学和研究工作，研究并组织实施了发展与推广应用数控、CAD和智能制造的技术路线；提出并实践了单调性分析优化、数控加工直接插补等算法理论；主持研制了华中Ⅰ型数控系统以及优化设计、机械CAD等系列软件产品，广泛应用于机械、航空、航天、能源等行业，创造了显著的社会效益和经济效益。曾多次获得国家、省部级科学技术进步奖，发表论文200余篇，出版著作12本。

1999年当选为中国工程院院士，2010年当选为瑞典皇家工程科学院外籍院士，2013年当选为美国国家工程院外籍院士，2014年当选为韩国国家科学院外籍院士，2018年当选为英国皇家工程院外籍院士。

周又和院士简介

周又和，男，1957年出生，湖北汉川人，力学家。1978—1984年本科、硕士就读于华中工学院力学系，1989年在兰州大学力学系获理学博士学位。现任兰州大学超导力学研究院院长，中国力学学会固体力学专业委员会主任，《力学学报》《TAML》副主编、《应用数学与力学》中英文版编委，3个国家级和7个省部级重点实验室学术委员会委员。曾任兰州大学土木工程与力学学院院长、西部灾害与环境力学教育部重点实验室主任、特殊功能材料与结构设计教育部重点实验室（B类）学术委员会主任、中国力学学会常务理事、教育部力学类专业教学指导委员会副主任，《固体力学学报》《兰州大学学报（自然科学版）》副主编等。

主要从事非线性力学、智能结构与动力控制、电磁材料及结构多场耦合非线性力学、非线性问题定量求解方法等研究。研制出国际首台全背景场超导力学实验的科学装置，提出了超导磁体力学分析的有效模型与算法等。开拓了沙尘暴这一重大环境灾害的力学研究，取得了重大突破，支撑了中国航天科工三院国防某型号产品的故障归零。主持建成甘肃省沙尘暴野外观测站等，完成5000余万元科研实验室的建设。在国内外权威学术期刊与学术会议上发表学术论文400余篇（其中SCI收录200余篇）。获国家科学技术学术著作出版基金资助，由科学出版社出版《电磁固体结构力学》专著一部。

2021年当选为中国科学院院士。

朱英富院士简介

朱英富，男，1941 年出生，浙江宁波人，舰船工程专家。1966 年上海交通大学船舶制造系研究生毕业。现任中国船舶重工集团公司第七〇一研究所研究员、博士生导师、国家重大专项工程总设计师。2013 年起任船舶与海洋工程研究院院长。

长期从事舰船工程科研工作，在全舰综合集成、隐身性和舰机适配性等领域均有较深的造诣，为我国水面战斗舰艇系列化发展做出了重要贡献；作为工程型号总设计师，成功主持研制了出口型导弹护卫舰和第三代驱逐舰，实现了舰船技术跨越发展，在国内外产生了重大影响。获国家科学技术进步一等奖和二等奖各1项，省部级科学技术进步特等奖2项、一等奖1项。获何梁何利基金科学与技术进步奖、全国杰出专业技术人才和船舶设计大师等荣誉。享受国务院政府津贴。

2011年当选为中国工程院院士。

朱中梁院士简介

朱中梁，男，1936年出生，江西南昌人，电信技术专家。1957—1961年本科就读于华中工学院无线电工程系。西南电子电信技术研究所研究员，国家电信通信技术领域首席科学家。四川人工智能发展专家委员会委员、数字四川科技专家服务团团长、四川省大研会名誉会长、中国科学院信息技术科学部第十二届常务委员会委员。

主要从事通信和信息科学研究。主持设计并参与研制通信卫星多功能信息系统和数字宽带无线传播与信号处理系统；提出多系统、多用途、业务兼容和顶层优化的设计思想，实现了大系统硬件资源和信息资源高效共享与综合利用；研究课题的重点包括：信号估计与识别、弱信号检测、系统抗干扰、多址通信、通信网络、信息处理、网络与信息安全等理论与技术。获国家科学技术进步奖特等奖 2 项。

1999 年当选为中国科学院院士。

邹学校院士简介

邹学校，男，1963 年出生，湖南衡阳人，蔬菜育种专家。1979—1986 年本科、硕士毕业于湖南农学院，1999—2002 年博士就读于华中科技大学管理科学与工程专业。2005 年任湖南省农业科学院院长，2018 年任湖南农业大学校长。国家特色蔬菜产业技术体系首席科学家、国家特色蔬菜产业技术研发中心主任、中国园艺学会副理事长、湖南省园艺学会理事长、湖南省第十三届人大常委。

长期从事辣椒育种及资源创新，创新了一批优异辣椒育种材料，收集、保存了国内数量最多的辣椒种质资源，创制出应用范围最广的辣椒骨干亲本，育成了适应不同时期市场需求的系列辣椒新品种，突破了辣椒品种产业化系列关键技术。主持选育辣椒新品种在全国各地广泛应用，全面提升了我国辣椒品种早熟、丰产、抗病、抗逆、耐贮运、加工、机械化采收水平。先后出版《辣椒遗传育种学》等著作21部，在*Molecular Plant*、*America Journal of Botany*、《中国农业科学》《园艺学报》等刊物上发表学术论文160多篇。以第一完成人获国家科学技术进步二等奖3项，湖南省科学技术进步一等奖3项。

2017年当选为中国工程院院士。

查谦一级教授简介

查谦（1896—1975），男，安徽当涂人，物理学家，教育家。1991 年毕业于南京金陵大学，1923 年获明尼苏达大学博士学位。先后在金陵大学、东南大学、武汉大学、华中工学院工作。1953 年 1 月，任“三院（华中工学院、中南动力学院、中南水利学院）联合建校规划委员会”主任委员，1953 年 10 月 15 日，华中工学院正式成立，其主持全院工作。1955 年 6 月 9 日，被正式任命为华中工学院院长。在他的领导下，华中工学院快速跻身于全国重点大学行列。

首次采用蒸发型铂片研究光电效应中不对称现象，指出以光电效应方法测定普朗克常数的正确途径。他始终把在中国高等学校办好物理系作为终生奋斗目标，在探索中国的大学物理教学体系、管理模式以及研究模式的建立过程中做出了积极的贡献，为中国培养了大批物理学人才和不少著名的物理学教授。

1956 年被评为高教一级教授。

谷镜汧一级教授简介

谷镜汧（1896—1968），男，浙江余姚人，医学教育家，我国病理学奠基人之一。1914 年就读于上海同济大学医科，1922 年赴德国海岱山大学病理系、柏林大学病理馆进修，获医学博士学位。1941 年 1 月随学校迁渝，任教务主任，兼任在宜宾的同济大学医学院以及在桂林的广西医学院的病理学教学任务。新中国成立后，历任上海第一医学院院务委员会委员及病理教研室主任、上海市第四届政协委员、中华医学会上海分会理事、中华全国病理学会上海分会主任委员、《中华病理学杂志》副总编辑、中国医学科学院寄生虫病研究所特约研究员、中国结核病防治委员会委员等职。

20世纪30年代致力于丝虫病、蛲虫病、肺吸虫病和血吸虫病的研究，在研究血吸虫病肝硬化的基础上，扩大到对各种肝脏疾病的研究。联系中国膳食特点，预见到霉菌毒素和肝病的关系，提出并找到肝炎引起肝硬化导致肝癌的依据。运用解剖手段和光学显微镜，为患者明确诊断，了解病因，确定针对性的治疗原则。为发展和推动尸体解剖，利用一切机会，向社会各阶层宣传开展尸体解剖的重要性，多次在报纸杂志上发表文章。著有《病理学总论》《病理解剖学总论》《病理解剖学各论》《血吸虫病病理》等著作，共发表论文30余篇。《病理学总论》是他数十年尸检、实验研究、教学经验的结晶，也是一部具有中国特色的病理学教科书。

1956年被评为高教一级教授。

黄胜白一级教授简介

黄胜白（1889—1982），男，江苏扬州人，著名本草学家。1914 年毕业于同济大学医科，1918 年在上海同济大学任教，1919 年创办上海同德医学院，1930 年起任江苏省立医院医务长、江苏省立助产学校教务长，为江苏 61 县平民产院的创办人。抗日战争爆发以后，曾任浙江抗日救护委员会医务部长、浙江战时救护学校校长及浙江战时救护总队队长。1948 年任江苏医学院教授。新中国成立以后，历任苏南行署卫生处主任秘书，华东卫生部医教处副处长、医务生活社社长，中华医学会副秘书长，人民卫生出版社副总编辑。1957 年起任江苏省植物研究所研究员。

毕生致力于本草学的考证。1918 年创办了我国早期较有影响的刊物《医药学》，前后出版历时 28 年，对我国医药学的发展起了一定的作用。对《本草纲目》和《植物名实图考》进行了比较系统的研究，发表了多篇著作和论文。经过认真考订，指出了《本草纲目》某些版本的错误，并肯定了《植物名实图考》的作者清代吴其濬在我国植物学和中药学上的贡献。通过文献的整理，对一些重要中药的历史渊源及混乱品种进行了考证，有关论文在国内外均产生了深远的影响。

1956 年被评为高教一级教授。

金问淇一级教授简介

金问淇（1899—1968），男，浙江平湖人，妇产科学家。1919 年同济医工学校医预科毕业，1920 年赴德国哥廷根大学和弗莱堡大学医学院留学，1925 年获弗莱堡大学医学院医学博士学位，同年回国，初在上海开业行医，后在上海同德医学院、同济大学医学院担任妇产科主任、教授。1931 年日本侵略军进攻淞沪，他停掉私人诊所的门诊，夜以继日为抢救伤员开刀。1951 年组织抗美援朝医疗队家属服务大队，参加第二批志愿医疗手术总队第六大队。1955 年带头报名随同济医院迁汉，任武汉医学院第二附属医院妇产科教研室主任、教授。

临床专业基础扎实，病情了解细致，观察详尽。善于结合病理分析研究，诊断准确性高，特别是对宫外孕、卵巢肿瘤、功能性子宫出血、月经不调及不孕症等疾病的鉴别诊断及治疗有独到之处。他的手术精湛，敢于创新，积累了丰富的临床经验，得到众多病人的信任，慕名求医的患者甚多。1958年开始认真学习中医，重点研究中西医结合治疗卵巢功能失调与针刺排卵方法，提出针刺排卵机理，进行动物实验，最后进行临床研究并取得了可喜的成绩。1962年他与药理教研室结合共同创建了我国第一个计划生育研究室。

1956年被评为高教一级教授。

李宝实一级教授简介

李宝实（1900—1987），男，辽宁梨树（今属吉林）人，耳鼻咽喉科学家、医学教育家。1929 年英国爱丁堡皇家学院研究生学成归国，任同济医工学校耳鼻喉科教授，1947 年任上海同济大学医学院教授兼附属医院耳鼻喉科主任，1978 年出任第二军医大学副校长。

从医执教 60 余年，在国内首创扁桃体挤切术、鼻内筛窦根治术、局部麻醉下喉全切除术及耳硬化症镫骨撼动术等。主编《耳鼻咽喉科全书》，编译《耳传音构重建手术》《耳手术学》等。

1956 年被评为高教一级教授。

李赋京一级教授简介

李赋京（1900—1988），男，陕西蒲城人，解剖学家、钉螺研究专家。1916—1920年就读于同济德文医学堂，1928年毕业于德国哥廷根大学，获医学博士学位。先后在上海中央卫生实验所、河南大学医学院、陕西省立医学专科学校、台湾大学医学院、上海同济大学医学院和武汉同济大学医学院等多所院校任教。

长期担任人体解剖学、组织胚胎学教授，以其特有的双手黑板绘图技巧，将枯燥的形态学教学变得生气勃勃。深入进行钉螺研究和参与血防工作，回国不久就开始从事严重危害劳动人民健康和生命的血吸虫病防治工作，潜心于日本血吸虫中间宿主钉螺的研究。1936年发现钉螺新种，经鉴定命名为“李氏钉螺”。随校迁汉工作后，深入湖北省血吸虫病疫区，探索灭螺方法，先后发表了《钉螺的解剖和比较解剖》《钉螺的解剖、发生、生活习性及分类》等学术论文十多篇，2018年被中华预防医学会授予全国血防先驱荣誉称号。

1956年被评为高教一级教授。

梁之彦一级教授简介

梁之彦（1900—1986），男，河南孟津人，医学专家。1923 年毕业于上海同济大学医学院，后留校任教。1927 年赴德国留学，1929 年获博士学位，学成回国。1930—1942 年先后任同济大学医学院副教授、教授，生化学馆主任，医学院院长。1943—1946 年春在美国耶鲁大学医学院生化系任客座研究员兼研究室主任。1946 年回国后，历任上海同济大学医学院院长、生化学馆主任，教授，同济大学校务委员会委员。1950 年随同济医学院迁来武汉，先后任职于中南同济医学院、武汉医学院、同济医科大学。曾当选武汉市人大代表，政协湖北省第五届委员会副主席。

武汉解放初期，首次编写出版《英中生化词汇》。历时 4 年编著国内第一部生化高级参考书《生理化学》，被原卫生部定为高等医药院校参考书。20 世纪 60 年代编写一套适用于六年制教学的生化理论课讲义，70 年代又主编 200 余万字的大型参考书《生理化学》，直至 80 岁高龄还在给研究生讲课，培养了一大批高级医学和生化专业人才。

1956 年被评为高教一级教授。

刘颖一级教授简介

刘颖（1913—1984），男，山东禹城人，内燃机专家。1953年调入新组建的华中工学院，历任华中工学院筹备委员会委员，华中工学院教授、副教务长、副院（校）长，湖北省工业厅柴油机研究室主任等职。曾任第五、第六届全国政协委员，国务院学位委员会第一届学科评议组成员，中国内燃机学会第一届副理事长，湖北省暨武汉市内燃机学会理事长。

长期从事内燃机的基础与应用研究。率先开展了柴油掺水改善燃烧的微爆机理研究，提出并较好解决了乳化燃油高效洁净燃烧的三大关键技术问题。为了增强我国的海军力量，他大胆创新，在世界上尚无先例的情况下，开展了废气涡轮增压用于常规潜艇水下工况的可行性研究。他与其所领导的研究团队不断深入到潜艇柴油机生产厂家进行调查研究，并参与了水上模拟实验和实艇水下试验，为现代常规潜艇柴油机采用废气涡轮增压技术奠定了基础。“文革”前研制我国第一台 20 匹马力的风冷柴油机，填补了我国风冷柴油机的空白。20 世纪 60 年代初期，他与天津大学的史绍熙教授各自独立地提出了轴针式单孔喷油嘴“空间-油膜燃烧”新理论，与武汉两家柴油机厂合作，成功研制了“柴研Ⅰ型”和“柴研Ⅱ型”新型燃烧室，并分别应用于“195 型”和“198 型”柴油机上，大大提高了原机的经济性和动力性，各项技术经济指标达到了当时的国内先进水平。编著的《船舶柴油机原理》和《柴油机原理》获中国船舶动力优秀教材二等奖。

1979 年被评为高教一级教授。

宁誉一级教授简介

宁誉（1897—1989），男，四川巴县人，著名皮肤性病学家。1913—1917 年在上海同济学校语言科学习德语，1918—1921 年就读于同济医科学校预科，1926 年获德国图宾根大学医学博士学位，受聘为该校皮肤花柳科助教。1929 年任德国法兰克福国立实验治疗学院放射治疗研究室主任。1937 年毅然回国抗战，任红十字会第五医疗队副队长，赴徐州前线救治抗日伤员。1937 年 11 月受聘于同济大学医学院（浙江金华）任院长兼教授。1953 年受邓小平之邀应聘第七军医大学，任皮肤花柳科教授兼教研室主任。第三军医大学一级教授，曾任中华医学会四川分会理事、重庆市皮肤病学分会主任委员、重庆市人大代表和历届市政协委员。

在中国最先开展皮肤病理学检查、研究和皮肤病放射治疗，为西南医院积累数千张皮肤病临床照片和病理片，20 世纪 50 年代发现隐翅虫皮炎，1954 年编写《皮肤花柳病学讲义》。在德国留学及工作期间，发表论文数篇，在皮肤病、性病、皮肤病理和放射治疗方面造诣很深，1987 年德国图宾根大学授予其“金博士”荣誉称号。

1956 年被评为高教一级教授。

陶桓乐一级教授简介

陶桓乐（1907—1994），男，湖南巴陵人，著名的心血管病、老年病专家，内科学家。1935 年毕业于上海同济大学医学院，1947—1960 年历任同济大学医学院、武汉医学院教授兼内科主任。曾任北京医院内科主任、毛泽东医疗小组总负责人，中华医学会理事、中华医学会老年医学会副主任委员、世界卫生组织流行性病咨询委员会委员。

多年从事老年医学和高干医疗保健工作，对老年性疾病和心血管系统疾病的研究造诣尤深。担任《中国医学百科全书老年医学分册》的主编，撰有《急性心肌梗死的治疗问题》等论文。

1956 年被评为高教二级教授，后晋升为一级教授。

屠开元一级教授简介

屠开元（1904—1999），男，上海人，骨科学家、医学教育家，现代矫形外科学创始人之一。1929 年获柏林大学医学院博士学位。1937 年欧洲学成回国投身抗日战争，参加了由宋庆龄主持的中国红十字会抗日救亡医疗队，1947 年 9 月任同济大学医学院教授、矫形外科主任。1956 年任第二军医大学急症外科医院院长，1959 年 9 月任第二军医大学第二附属医院院长，1979 年 4 月任第二军医大学副校长。

在近七十年的学术生涯中，为中国现代骨科学和创伤外科学的建立和发展，创下了不可磨灭的历史功勋，形成了一套独创的、在国内医学界引起巨大反响的骨、伤科疾病的诊治方法，如骨折手法整复的原则、慢性骨髓炎的诊治、骨折复位后无衬垫石膏固定、切除污染创面的清创术等。1949 年，他建立了我国第一个骨库，被誉为新中国诞生后医学界里的第一项重要成果。1960 年，他在极度简陋的条件下，开展了完全离断肢体再植术的动物实验，成功地解决了小血管吻合后的通畅率以及再植肢体远段肿胀等关键问题，为我国创建断肢再植术打下了坚实的实验基础和有关的理论基础。1964 年，总后勤部为此给他记一等功，召开庆功大会和断肢再植学术交流操作现场会。1987 年 4 月，根据他提出要创办创伤中心的要求，中国人民解放军创伤研究所正式成立，这是他在晚年为国家和军队卫生事业做出的又一重大贡献。

1956 年被评为高教一级教授。

王宝楹一级教授简介

王宝楹（1903—1988），男，山东沂水人。1923—1930 年就读于同济医工专门学校，毕业后留校任附属医院医师兼上海暨南大学校医，1931 年调南京中央军校任校医，兼任德国教官翻译，1937 年 8 月考入德国柏林大学，获医学博士学位后留校任教。历任德国耶鲁大学讲师、皮肯惟特医院主治医师兼中国留德医学会会长，1945 年回国后历任山东省立医学院院长、教授，上海国立同济大学医学院教授、教务长，中美医院内科主任兼上海第二传染病院院长。1949 年 12 月调入黄石工作，历任大冶钢厂院长、黄石市副市长兼黄石大学副校长、黄石市医学专科学校校长、黄石市第三人民医院副院长，全国人大第二届委员会代表。

1956 年被评为高教一级教授。

谢毓晋一级教授简介

谢毓晋（1913—1983），男，江苏苏州人，微生物学家，生物制品学家。1932—1936 年本科就读于同济大学医学院，1937 年赴德国弗莱堡大学医学院留学，1939 年获医学博士学位，1941 年 5 月回国任卫生署西北防疫处技正，1942 年 12 月任同济大学医学院细菌馆主任兼教授，后转任上海医学院细菌学教授，1948 年 1 月任同济大学医学院院长，创办上海民生实验研究所，1952 年受聘中南生物制品实验所（后改称武汉生物制品研究所）任总技师。

1956 年被评为高教一级教授。

许本谦一级教授简介

许本谦（1906—1969），男，安徽歙县人，中国著名血吸虫病防治专家。1935 年毕业于同济大学医学院，1938 年德国汉堡大学医科毕业，获博士学位。翌年回国后，历任国立江苏医学院（重庆）教授、附属医院院长兼内科主任，华东军区第二十七军血吸虫病防治委员会顾问、血防第三大队和华东公安第十七师血吸虫病防治技术指导委员会主任。1952 年参加赴朝慰问团。1955 年后历任江苏医学院临床内科和传染病学教研组主任、南京医学院副院长，全国血吸虫病防治研究委员会委员、中华医学会内科学会委员、江苏省科普协会筹备委员、《中华内科杂志》编委，江苏省人大代表、江苏省政协常务委员。

主要从事内科学临床研究，擅长内科传染病的治疗，对热带病研究特别是血吸虫病、丝虫病防治的研究做出了重要贡献，蜚声国内。发表论文有《丝虫病之海群生治疗》《日本血吸虫病655例中丝虫病感染者》《日本血吸虫病早期患者之症状与体征》《丝虫病73例临床观察》等20篇。著有《丝虫病》《日本血吸虫病之诊断》等著作。

1956年被评为高教二级教授，后晋升为一级教授。

杨述祖一级教授简介

杨述祖（1903—1983），男，陕西华县人，病理学家。1928 年毕业于日本名古屋医科大学，后入日本东京帝国大学病理部攻读研究生，获医学博士学位。1931 年回国，进入上海自然科学研究所从事研究工作。曾任上海东南医学院、同德医学院及上海同济大学医学院病理学教授。1951 年随院系调整迁至武汉，历任中南同济医学院病理解剖学教研室主任、基础医学部主任，国务院学位评审委员会委员，中华医学会病理学会副主任委员，中华医学会武汉分会理事、病理学会主任委员，《中华病理学杂志》副总编辑等职。1953 年加入中国民主同盟，1982 年加入中国共产党。曾担任第三届全国人大代表、第五届全国政协委员。

从事寄生虫病和中国地方病病理的研究，对华支睾吸虫病、绦虫病、疟疾、姜片虫病、黑热病及血吸虫病的研究有突破。在日本时，曾通过实验证明绦虫不能引起恶性贫血，纠正了当时的错误观点。他治学严谨，一丝不苟，经常为解决某个疑难问题深入询问，检查病情，反复推敲，有时通宵达旦。对病人体贴关怀，深受病人和同仁的爱戴和崇敬。其论文见解独特，多年后仍为国内外文献所引用。著有《黑热病》《传染性肝炎的病理变化》等，并参加编写《病理学》《医科百科全书》。晚年倡导和主持编写出版大型病理学参考书《外科病理学》，全书分上、下两册，共计200多万字，附图2500余幅，填补了中国在这方面的空白。

1956年被评为高教二级教授，后晋升为一级教授。

姚永政一级教授简介

姚永政（1901—1985），男，浙江绍兴人，著名寄生虫学家，中国人体寄生虫学奠基人之一。1919 年毕业于浙江公立医药专科学校。1919—1929 年先后在浙江杭州医院、南京鼓楼医院任内科医生。1929—1932 年先后在英国伦敦大学热带病卫生学院和美国霍普金斯大学进修。1932—1948 年在中央卫生实验院任副院长兼寄生虫学研究室主任。1948 年后，任上海同济大学医学院、武汉医学院寄生虫学教研室教授。

1928 年起从事寄生虫病的研究。1937 年在广西宾阳县发现一病人粪便中有日本血吸虫卵，并通过实地调查找到钉螺，培养出日本血吸虫成虫，首次证实广西宾阳县有日本血吸虫病流行。1936年对“瘴气”进行研究，证实其为恶性疟疾。经过进一步探索“瘴气”的流行特征及其媒介，发现按蚊是传播疟疾的媒介，而中国疟疾的主要媒介是中华按蚊、微小按蚊和贵阳按蚊。为了探索黑热病（俗称“大肚子病”）病因，深入苏北清江浦（今属淮安市）一带调查研究，发现中华白蛉体内有天然感染的黑热病原虫的鞭毛体，从而证实中华白蛉就是传播黑热病的媒介。他还深入云南、贵州、海南等地调查寄生虫病，查出近20种白蛉，弄清了国内白蛉的种类、地理分布、生态习性以及黑热病与其他病的关系。这些研究成果为消灭白蛉和黑热病奠定了理论基础。先后发表研究论文58篇，编著《人体寄生虫学教范》《实用医学昆虫学》和《人体寄生虫学图谱》专著3部，不仅为发展中国寄生虫学起了极大的作用，而且为寄生虫学研究和人才培养打下基础，开拓了道路。

1956年被评为高教一级教授。

于光元一级教授简介

于光元（1899—1991），男，山东烟台人，皮肤病学家，我国皮肤科学主要创始人之一。1921 年毕业于奉天医科专门学校，留校教学并兼临床工作。后去英国爱丁堡大学医学院药理学系及皇家医院皮肤性病科学习进修。1925 年回国任奉天医科专门学校药理学及皮肤科教授。1937 年受聘南京中央大学医学院任药理学教授。抗战时期，随中央大学西迁成都，任由中央大学、华西大学和齐鲁大学共同组成的“三大医学院”药理学教授。1948 年任上海同济大学医学院皮肤性病学教授、附属中美医院皮肤科主任。来武汉后任附属协和医院皮肤科主任。

20世纪50年代初期首次提出“日光性皮炎”的概念，推翻了传统的“滨藜中毒”论，获得高度评价，对雅司病、核黄素缺乏症等的研究与防治，居于世界领先地位。著有《麻风病学》《皮肤病及性病学》《职业性疾病和工业性疾病手册》等10余部著作。

1956年被评为高教一级教授。

陈刚院士简介

陈刚，男，1964 年出生，湖北南漳人。1980—1987 年本科、硕士就读于华中工学院动力系，1987—1989 年任华中工学院讲师，1993 年博士毕业于加州大学伯克利分校机械系，1993 年任杜克大学机械工程和材料科学系助理教授，1996 年任加州大学洛杉矶分校航空航天机械工程系副教授，2004 年起任麻省理工学院机械系教授，2009 年任麻省理工学院机械系卡尔·理查德·瑟德贝里坐席教授。曾任麻省理工学院机械工程系主任、美国机械工程师学会纳米技术学会顾问组组长。

研究涉及热传递、纳米技术和能量转换。率先研究量子结构中的热传导，研究成果推动纳米结构的热电材料研究。首次打破百年物理定律“黑体辐射定律”公式，在纳米距离中，精确测量两物体间温度变化，证实物体在极度近距时的热力传导可以高达定律公式预测的千倍，该发现广泛应用于光热光电、半导体、磁存储等领域。主导了包括美国国防部多学科大学研究倡导的热电项目，发表期刊论文 100 多篇，在 200 多个国际会议和国际研究组织中发表主题演讲和特邀演讲。获得 ASME 热传递纪念奖、研究与发展 100 奖（在美国被称为创新的奥斯卡奖）和多个国际会议的优秀论文奖。

2010 年当选为美国国家工程院院士。

程一兵院士简介

程一兵，男，1953 年出生，湖北武汉人。武汉理工大学材料复合新技术国家重点实验室国家特聘教授，澳大利亚蒙纳士大学材料科学与工程系终身荣誉教授（emeritus professor）。2010 年任华中科技大学武汉光电国家实验室（筹）教授。

多年来从事研究无机非金属材料的制备技术及机理、陶瓷材料微观结构的控制及性能分析。所研究的材料包括非氧化物结构陶瓷、陶瓷基复合材料、耐火材料、玻璃和微晶玻璃、陶瓷-塑料复合材料等。因发明用于制备防火电缆的“可陶瓷化塑料”，并成功在澳大利亚商业化生产，获国际专利5项，并获2项澳大利亚国家级奖；2011年获澳大利亚陶瓷协会最高奖——陶瓷协会奖。自2001年起研究新型薄膜太阳电池，包括染料敏化太阳电池和杂化钙钛矿太阳电池的材料与器件制备技术。已培养博士后、博士生70多名，在*Nature*、*Nature Materials*、*Nature Energy*、*Nature Photonics*、*Nature Communications*、*Advanced Materials*、*JACS*等国内外学术期刊上发表文章500余篇，被引用20000多次，H-Index为67。2018、2019年入选全球高被引科学家。

2007年当选为澳大利亚工程院院士。

傅晓岚院士简介

傅晓岚，女，1967 年出生，1985—1989 年本科就读于华中理工大学。牛津大学社会科学领域首位大陆华人终身教授，牛津大学技术与管理发展中心（Technology and Management Centre for Development）创始主任（founding director），国际发展系教授，技术和国际发展研究专家，格林坦普顿（green templeton）学院会士（governing body fellow），剑桥大学和清华大学高级客座研究员，复旦大学和中国社会科学院高级客座研究员。

研究领域包括创新、技术与发展、贸易、对外直接投资和中国经济发展、新兴经济体、美国与欧洲的创新和生产率等。

2021 年当选为英国社会科学院院士。

葛汉彬院士简介

葛汉彬，男，1965 年出生，江苏南通人。1982—1986 年本科就读于华中工学院建筑结构工程系建筑结构工程专业，1986—1988 年硕士就读于华中工学院建筑结构工程系建筑结构工程专业，1988 年任华中理工大学助教，1991 年硕士毕业于名古屋大学，1994 年博士毕业于名古屋大学。曾任名古屋大学助教、助理教授和副教授，2008 年起任名城大学教授，曾先后任该校学术审议委员会委员、理工学部国际交流委员会委员长、土木工程学院院长，现任名城大学理工学部国际交流委员会委员长、防灾减灾工程研究中心副主任、国际教育与研究中心委员等。2022 年 4 月起兼任日本工程院中部分院秘书长。曾任国务院侨办专家咨询委员会委员、欧美同学会海外理事。曾任日本中部华侨华人联合会首任会长，现任名誉会长等。

长期从事抗震研究。发展和创新了基于应变的抗震性能评估方法的理论和技术，研发出多种耗能阻尼器等。先后获日本土木学会论文奖、结构工程和桥梁工程技术进步奖共4项。发表各种论文近400篇，出版学术专著和教材共19部。

2018年当选为日本工程院院士。

胡丙长院士简介

胡丙长，男，1966 年出生，1983—1988 年本科就读于同济医科大学公共卫生学院，1996 年在美国伊利诺伊大学芝加哥分校获博士学位，1999 年起至今，历任哈佛大学公共卫生学院和哈佛医学院助理教授、副教授和终身教授。现为美国哈佛大学公共卫生学院教授。兼任美国科学院医学研究所全球心血管疾病预防委员会委员、美国心肺血液研究所（NHLBI）肥胖专家组成员、美国农业部和美国卫生与公共服务部共同组织的 2015 年美国膳食指南咨询委员会专家组成员。

在糖尿病和冠心病的病因与预防领域取得了世界公认的成就，特别对营养、遗传因素及其交互作用在肥胖与糖尿病发生发展中的作用做出了原创性的贡献。在《新英格兰医学杂志》（*NEJM*）、《美国医学会杂志》（*JAMA*）、《柳叶刀》（*Lancet*）等顶尖医学杂志上发表了多篇文章。获得2010年美国糖尿病协会Kelly West杰出成就奖，并曾获两个年度的美国心脏协会最佳十项研究进展奖。2008年牛津大学出版社出版其专著《肥胖流行病学》。

2015年10月当选为美国国家医学院院士，2016年获评华中科技大学杰出校友。

蒋向前院士简介

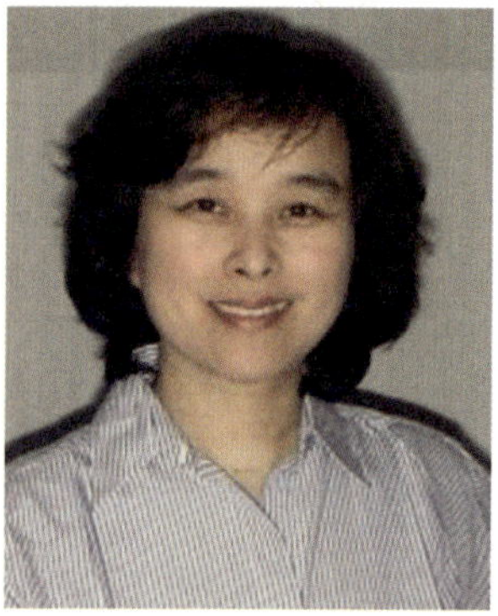

蒋向前，女，1955 年出生，江苏常州人。1990—1995 年博士就读于华中理工大学测量与仪器专业，2007 年获英国哈德斯菲尔德大学博士学位。先后任伯明翰大学欧洲计量中心研究员、皇家科学院高级研究员、欧洲研究基金委高级科学研究员、哈德斯菲尔德大学精密技术中心首席科学家、英国国家制造计量联盟中心主任、英国国家先进制造计量中心主任、英国皇家工程院/雷尼绍公司精密计量教授。国际生产工程学会会士、英国工程技术学会会士、英国皇家艺术学会会士、国际标准化组织 ISO/TC 213 核心成员。

长期从事精密计量、表面计量、几何量评定理论与标准、嵌入计量技术、机械制造学科的发展研究，多数研究成果已转化成表面光学计量仪器、计量技术、国际标准和制造应用技术。发表论文400余篇，包括200余篇国际会议论文，在美洲、欧洲及亚洲著名大型国际会议作大会和主题邀请报告40余次，获项目经费7000多万英镑。获得英国沃夫森研究成就奖、英国杰出亚洲女性、伦敦自由奖章、国际工程技术学会制造奖、Harold Hartley 爵士奖章等荣誉，2006年作为为社会做出杰出贡献的人士获得英国女王在白金汉宫的接见。

2012年当选为英国皇家工程院院士。

李敬锋院士简介

李敬锋，男，1963年出生，1980—1984年本科就读于华中工学院，1991年博士毕业于日本东北大学。曾任日本陶瓷技术公司留学博士后特别研究人员，日本东北大学工学部材料系助理教授、副教授，清华大学材料学院材料科学与工程系副主任，清华大学材料学院副院长。现为清华大学材料学院教授，清华大学-丰田研究中心副主任，新型陶瓷与精细工艺国家重点实验室学术委员会副主任。兼任 *Journal of Materiomics* 主编、《硅酸盐学报》副主编、美国陶瓷学会会士（Fellow）、国际热电学会理事、中国硅酸盐学会常务理事、中国硅酸盐学会微纳技术分会副理事长、中国硅酸盐学会薄膜与涂层分会副理事长、IEEE 铁电委员会委员与 Symposium Chair 等。

长期从事材料科学与技术研究工作，特别在无铅铁电压电陶瓷与热电材料及其微器件技术等研究方向取得一系列原创成果，发表论文 500 余篇，被引 23000 余次，多次在重要国际会议上作大会邀请报告，出版专著 *Lead-free Piezoelectric Materials* 等 3 部。曾获国家杰出青年基金和长江学者奖励计划资助。

2022 年当选为日本工程院外籍院士。

罗开红院士简介

罗开红，男，1964年出生，1981—1985年本科就读于华中工学院船舶及海洋工程系，1992年博士毕业于英国剑桥大学。2002年获伦敦大学终身正教授席位。2003年入选爱思唯尔世界科学与工程名人录，2004年入选剑桥国际名人录。先后当选英国物理学会会士、美国机械工程师协会会士、英国机械工程师协会会士、国际燃烧学会首届会士。

主要从事燃烧、流体力学、空气动力学和声学跨尺度复杂问题的基础研究及其在能源、动力、航空和交叉科学等领域的应用，取得了杰出的成就。在宏观、介观和微观系统的模拟和跨尺度模拟方面，取得了不少开拓性的成果，其方法和模型以及模拟软件在世界工业界和学术界得到广泛应用。领导过由英国14所大学组成的“面向工程的计算燃烧研究群体”、由英国和海外30所大学组成的“介尺度科学与工程研究群体”，取得了广泛的国际影响。获得发明专利和创新奖多项，在期刊和会议中发表论文400多篇，其中多篇获优秀论文奖，一篇被 *Physical Review E* 评为“计算物理领域25年来五篇里程碑论文之一”，是英国燃烧界首位兼获燃烧领域的撒格顿奖（Sugden Award）和格顿奖（Gaydon Prize）的学者。

2020年当选为英国皇家工程院院士。

明国莉院士简介

明国莉，女，1970 年出生，湖北武汉人。1988 年考入同济医科大学德医班本科，1989—1994 年本科就读于同济医科大学公共卫生学院妇幼专业，毕业后赴美留学，2002 年获加州大学圣地亚哥分校博士学位。现任宾夕法尼亚大学终身教授。

长期从事成年神经干细胞生长、发育分子机理、功能和神经疾病研究。在研究寨卡病毒（Zika）感染后的胎儿小脑综合征这一富有挑战性的领域取得了突出成绩。其实验室研究重点是神经发育的分子机制及发育性神经障碍。课题范围包括神经元的迁移、轴突和树突的发育、突触的形成、电路的整合、发育中的神经元可塑性，以及成熟神经元的功能再生等。该实验室采用分子生物学、生物化学、小鼠遗传学、影像学、电生理学等多种实验方法研究神经发育，已使用两个互补的模型系统：转基因小鼠系统和患者诱导多能干细胞（iPSC）模型系统。

2019 年当选为美国国家医学院院士。

沈卫明院士简介

沈卫明，男，1963 年出生，浙江杭州人。1983 年、1986 年分别获得北京交通大学学士、硕士学位，1996 年获法国贡比涅技术大学博士学位。1997—1999 年在加拿大卡尔加里大学从事博士后研究，1999—2018 年在加拿大国家研究院任研究员、高级研究员、首席研究员。2012 年当选 IEEE Fellow，2014 年当选加拿大工程研究院 Fellow，2018 年至今任华中科技大学教授。兼任 *IET CIM* 杂志主编，*IEEE TSMC*、*TASE* 等杂志副主编。

主要从事协同设计与制造、智能制造、生产调度、物联网、大数据、智能体理论与应用等方面的研究。在国际杂志及会议上发表论文450多篇，其中SCI检索200多篇，谷歌论文被引12000余次（其中单篇论文被引最高900余次），谷歌学术H指数52。曾获IEEE加拿大唐纳工业领袖奖和加拿大联邦大楼最佳能效奖。

2019年当选为加拿大工程院院士。

汪立宏院士简介

汪立宏，男，1962 年出生，湖北孝感人。1980—1987 年本科、硕士就读于华中工学院光学专业，1992 年获美国德克萨斯州休斯敦莱斯大学博士学位。2004 年 4 月起担任 Endowed Royce E. Wisenbaker Ⅱ 首席工程教授，兼任国际生物医学光学协会主席。曾在第一流的癌症研究机构——德克萨斯州立大学 M. D. Anderson 癌症研究中心担任助理教授。曾任华中科技大学教授、国际生物医学光学协会主席、美国圣路易斯华盛顿大学 Gene K. Beare 特聘教授，现任加州理工学院医学工程系与电子工程系 Bren 讲席教授。

在光声生物医学成像及超快成像领域做出突出贡献，获美国发明专利3项，申请美国发明专利5项。在《自然生物工程》（*Nature Biotechnology*）、《物理评论快报》（*Physical Review Letters*）、《物理评论》（*Physical Review*）和《光学快报》（*Optics Letters*）等权威期刊发表学术论文100余篇，其中被SCI收录超过100篇。

2018年当选为美国国家工程院院士。

王春晖院士简介

王春晖，男，1964年出生，先进材料与机械制造领域专家。1981—1985年本科就读于华中工学院，1991年获谢菲尔德大学博士学位。现任新南威尔士大学机械与制造工程院院长，曾任墨尔本皇家理工大学航空航天研究中心主任、澳大利亚国防科学与技术组织飞行器部先进复合材料技术负责人、斯坦福大学航空航天系访问教授、哈佛大学应用科学系访问科学家、悉尼大学机械工程系研究员、谢菲尔德大学机械与加工工程系研究员。

研究重点为多功能材料结构与应用，包括多功能纤维增强复合材料和轻合金。对飞机抗疲劳设计、先进复合材料和结构健康监测的工程实践的研究做出了突出贡献。创新成果被应用于世界领先的抗疲劳设计软件，复合材料修复设计的工程手册，及结构健康监测方面的国际专利和商业产品中。

2018 年当选为澳大利亚技术科学与工程院院士。

王舟院士简介

王舟，男，1972年出生，1989—1993年本科就读于华中理工大学电子信息与通信学院，1995年获华南理工大学电子与信息学院硕士学位，2001年获德克萨斯大学奥斯汀分校（University of Texas at Austin）博士学位。现任加拿大滑铁卢大学终身教授。2014年当选美国电气与电子工程师协会院士（Fellow of IEEE），同年获Steacie Memorial Fellowship，由加拿大总督David Johnston在Rideau Hall颁奖。2015年获得艾美奖工程奖Primetime Engineering Emmy Award（Academy of Television Arts &Sciences），成为艾美奖历史上第一位以个人名义获此殊荣的华人科学家。2018年获任滑铁卢大学 University Research Chair，高科技公司 SSIM WAVE Inc. 的创始人和首席科学官。

研究方向包括信号与图像处理、计算视觉与模式分析、多媒体编码与通信以及生物医学信号与图像处理。SSIM 算法的发明人，在该领域发表论文200多篇，被引用超过60000次。

2016年当选为加拿大工程院院士。

武忠弼院士简介

武忠弼（1919—2007），男，安徽定远人，病理学家。1936年考入国立同济大学附中，1939—1945年本科就读于同济大学医学院，毕业后留校工作。历任武汉医学院病理学助教、讲师、副教授、教授。其间曾任武汉医学院副教务长、副院长，同济医科大学对外联络校（院）方代表等职。曾任国务院学位委员会委员、原卫生部教材评审委员会委员、中国电镜学会副理事长、中德医学协会副理事长、中华医学会理事及病理学分会常务委员、湖北省电镜学会理事长、湖北省医学会病理学分会主任委员。曾担任《中华病理学杂志》编辑委员会第二、三届委员，第三、四、五届副总编，第六届顾问，第七、八届特邀编审。

先后主编、主译专著 20 余部，主编代表作有原卫生部高等医药院校规划教材《病理学》（第二、三、四版）《中华外科病理学》《超微病理学基础》《超微病理诊断学》和《江陵凤凰山 168 号墓西汉古尸研究》等；主译有《肺癌》《病理学总论与各论》和《里德病理学》等多部国外病理学专著。曾获全国科学大会甲等奖、湖北省科技大会甲等奖，被评为先进科技工作者、湖北省劳动模范。其主编的规划教材《病理学》获国家教委全国高等学校优秀教材奖，国家教委、卫生部科学技术进步二、三等奖。武忠弼教授为中德友谊的巩固和发展做出了卓越贡献，1984 年获德国病理学会通讯会士荣誉称号，1985 年获德国大十字勋章，2002 年 1 月获德国星级大十字勋章（德方授予外国公民的最高级别勋章），是我国获此殊荣的第一人。

1988 年当选为德国自然科学院院士。

杨天若院士简介

杨天若，男，1970年出生，毕业于清华大学计算机系，在加拿大维多利亚大学获计算机科学博士学位。2010年起任华中科技大学教授，曾担任10多个国际重要学术会议的指导委员会主席，包括IEEE超级计算与应用（TCSA）技术委员会的副主席（2000—2004），IEEE可扩展计算（TCSC）委员会主席（2008—2011）和IEEE普适计算与智能工作组主席（2009—2013）。

主要从事并行，分布式和云计算，嵌入式和普适计算，信息-物理-社会系统设计及大数据方面的研究。在这些领域中，共计发表了200多篇

IEEE和ACM汇刊/期刊论文，其中有7篇入选ESI热点（top 0.1%）文章，28篇入选ESI高被引（top 1%）。任多个国际重要学术期刊的主编及编委，在多个国际著名出版社出版学术著作30余本，在世界50多个国际主要学术会议与研讨会上作大会特邀主题报告。IEEE/IET会士。

2017年当选为加拿大工程院院士，2019年当选为加拿大工程研究院院士，2021年当选为欧洲科学院院士。

张东柯院士简介

张东柯，男，1963年出生，江苏涟水人。1986年在华中工学院能源学院学习，1995年受聘为华中理工大学客座教授，现任西澳大学化学工程教授，西澳石油、燃料与能源研究中心创始人和主任，John Curtin大学杰出教授，3D Reactions PTY LTD的创始人和总裁，兼任BHP Billiton Irone Ore技术顾问，Griffin Coal技术顾问，Wesfarmers Energy LTD技术顾问。

主要科研方向包括粉煤燃烧与发电，煤气化，煤灰利用，以煤炭为基础的多联产综合资源利用；新能源开发，可再生能源，如生物质，城市垃圾，污水淤泥的气化、制油、燃烧；煤炭利用过程中污染物的生成与控制的研究和技术开发；天然气利用，天然气转换液体燃料的技术；工业催化剂的基础研究和技术开发；工业炸药的运用与安全研究，可持续发展以及能源政策与战略的研究。曾在 *Combustion and Flame*、*Fuel* 等国际著名学术期刊上发表学术论文 300 余篇。曾获澳大利亚燃烧学会的 David Warren 奖（1996）、阿德雷德大学最佳研究生导师奖（1998）、由澳大利亚工程师协会和国际化学工程师协会颁发的 Shedden Uhde 奖章（2000）、国际燃烧学会年轻科学家奖（2001），并于 2003 年入选为国际能源基金会会员。获得科研经费 1200 万澳元，发表学术论文 280 篇，有 3 项专利和 10 多项主要技术被工业界使用，共指导了 32 名博士研究生和 2 名硕士研究生。

2004 年当选为澳大利亚工程院院士。

叶荫宇教授简介

叶荫宇，男，1948 年出生，运筹学家。1978—1982 年本科就读于华中工学院自动控制专业。1983—1988 年在美国斯坦福大学攻读硕士和博士学位，后在美国爱荷华大学任教，2002 年回到斯坦福大学任终身教授。

一直致力于数学规划、优化算法设计与分析、运筹学、物流及供应链方法、市场平衡及博弈论等研究，是国际知名的最优化运筹学专家之一，也是线性规划内点法理论的奠基人之一。近年来，他在管理科学和数学优化的顶尖期刊上发表了多篇在世界范围内有影响的论文，被 ISI 评为 2004 年至今全世界在数学有关领域中其研究成果最为广泛应用的科学家之一，根据谷歌学术的统计，他的研究论文和书籍被广泛引用达22000次。

2009年10月，叶荫宇被授予有运筹管理学领域“诺贝尔奖”之称的最高奖项——冯·诺依曼理论奖（The John von Neumann Theory Prize），成为首次获得该奖项的华人科学家，获华中科技大学第二届杰出校友荣誉。